环境保护税征收管理协作机制研究

吕凌燕 著

法律出版社 LAW PRESS · CHINA

北京

图书在版编目（CIP）数据

环境保护税征收管理协作机制研究 / 吕凌燕著. 北京：法律出版社，2024(2025.2 重印). -- ISBN 978-7-5197-9315-9

Ⅰ. D922.229.4

中国国家版本馆 CIP 数据核字第 20247YT562 号

环境保护税征收管理协作机制研究
HUANJING BAOHUSHUI ZHENGSHOU GUANLI XIEZUO JIZHI YANJIU

吕凌燕 著

责任编辑 黄倩倩
装帧设计 臧晓飞

出版发行 法律出版社
编辑统筹 学术·对外出版分社
责任校对 晁明慧
责任印制 胡晓雅　宋万春
经　　销 新华书店

开本 A5
印张 7　**字数** 188 千
版本 2024 年 11 月第 1 版
印次 2025 年 2 月第 2 次印刷
印刷 唐山玺诚印务有限公司

地址：北京市丰台区莲花池西里 7 号(100073)
网址：www.lawpress.com.cn
投稿邮箱：info@lawpress.com.cn
举报盗版邮箱：jbwq@lawpress.com.cn

销售电话：010-83938349
客服电话：010-83938350
咨询电话：010-63939796

书号：ISBN 978-7-5197-9315-9　**定价**：45.00 元

凡购买本社图书，如有印装错误，我社负责退换。电话：010-83938349

目录

第一章　导　论

一、研究背景与价值

2018 年实施的《环境保护税法》是我国首部落实“税收法定原则”、推进生态文明建设的单行税种法。《环境保护税法》的立法过程遵循费税平移原则，实体内容上基本由原排污费制度平移而来，程序制度设计上由原承担排污费征管的环境保护部门系统性协助税务部门实施环境保护税的征管。生态环境主管部门与税务部门跨部门协作开展税款征收也是税收征收管理上的重要创举，两部门系统性协作实施状况的好坏是决定《环境保护税法》能否顺利实施的关键。

（一）研究背景

1. 环境保护税法由排污费制度平移而来

排污收费是国家要求排放污染物的组织和个人（污染者）基于“污染者负担”原则，按照一国或地区的污染物排放标准和排污收费标准的规定，向国家缴纳一定数额的费用；围绕排污费收缴的标准、程序、手续和这种费用的用途的综合制度统称排污费制度。该制度于 1904 年产生于德国，1982 年我国国务院颁布《征收排污费暂行办法》，对收费对象、收费标准、收费程序、停收减收和加倍收费的条件、排污费的列支、收费的管理和使用等多个方面都作出了详细的规定，并附有排污费征收标准。2003 年，为加强排污费征收、使用的管理，推动排污费系统化征管，国务院颁布《排污费征收使用管理条例》取代了《征收排污费暂行办法》。随后，为确保《排污费征收使用管理条例》科学化实施，原国家环保总局等相关部门相继颁布《排污费征收标准管理办法》《排污费资金收缴使用管理办法》等配套部门规章，以行政规章为主的排污费制度体系逐步形成。长期以来，排污收费制度在促使污染者减少污染物排放量、防治环境污染方面发挥了积极作用。

然而，排污收费制度法律效力低，收费过程中环境保护部门执法刚性不足、干预和影响因素多等现实性问题不断凸显。对此，党的十八届三中、四中全会提出了“推动环境保护费改税”“用严格的法律制度保护生态环境”的要求。2016 年《环境保护税法》颁布，2018 年环境保护税正式开征，排污费在我国征收时间长达 36 年。环境保护部门在多年负责排污费征收过程中积累了丰富的经验，建构了一套包括污染数据检测、缴费人识别、计费标准、征收程序的相对系统完整的排污费征收体系。排污费制度及其征收管理历程，为《环境保护税法》的制定及我国环境保护税的有效征管提供了坚实的基础和宝贵的经验。

《环境保护税法》落实税收法定原则，通过法律形式确定了污染者付费原则，与曾经以行政规章支撑的排污费制度相比，法律效力得到提升；在征收方面，环境保护税主要由税务机关负责征收，生态环境主管部门协助征管，征收的透明度和规范性均得到提高；外部性功能发挥方面，该法进一步向污染排放单位释放减排信号，对推动绿色发展具有促进作用。同一般税收的财政性功能相比，获取财政收入并非环境保护税的核心价值，通过税收手段从法律层面体现对生态环境保护的重视并发挥税收的污染调节功能是其承载的重要生态价值，才是其核心价值。环境保护税的实施，有助于强化税收调控，形成强力高效的约束激励机制，在整个社会层面增强环境保护意识，对进一步促进经济结构调整、促使生产方式转变的绿色税制体系发挥重要引导作用。

2. 环境保护税征管对象与计税依据的特殊性

环境保护税的纳税人，是指向环境直接排放应税污染物的企业事业单位和其他生产经营者。环境保护税纳税人的界定主要包含两方面信息：首先，环境保护税在性质上属于"直接排放税"。如果企事业单位或其他生产经营者向依法设立的污水、生活垃圾集中处理场所等特定地点排放应税污染物，则无须缴纳环境保护税。其次，居民个人不属于环境保护税的纳税人，其排放污染物不用缴纳环境保护税。环境保护税的征税对象包括4个税目：大气污染物、水污染物、固体废物和噪声。大气污染物是指向大气排放，导致大气污染的物质，包括二氧化硫、氮氧化物、粉尘等；水污染物是指直接或者间接向水体排放的，能导致水体污染的物质，包括重金属、悬浮物、动植物油等；固体废物是指在生产、生活和其他活动中产生的丧失原有利用价值或者虽未丧失利用价值但被抛弃或者放弃的固态、半固态和置于容器中的气态的物品、物质以及法律、行政法规规定纳入固体废物管理的物品、物质，包括煤矸石、尾矿等；噪声是指工业噪声，即在工业生产活动中使用固定的设备时产生的超过国家规定的环境噪声排放标准的、干扰周围生活环境的声音。大气污染物和水污染物计税单位为"每污染当量"，固体废物（煤矸石、尾矿、危险废物、粉煤灰、炉渣等）计税单位为"每吨"，噪声仅包括工业噪声，不包括建筑噪声、交通噪声等，按照超标分贝每月固定税额计税。具体应税污染物依据《环境保护税法》所附的《环境保护税税目税额表》《应税污染物和当量值表》的规定执行。大气污染物、水污染物、固体废物和噪声对应的环境保护税均是按照幅度定额税率计算，四类征税对象具体税额计算公式分别为：应税大气污染物应纳税额 = 污染当量数 × 适用税额 = 应税大气污染物排放量 ÷ 该种污染物对应的当量值 × 适用税额；水污染物应纳税额 = 污染当量数 × 适用税额；固体废物应纳税额 =（当期固体废物的产生量 − 当期固体废物的综合利用量 − 当期固体废物的贮存量 − 当期固体废物的处置量）× 适用税额；噪声应纳税额 = 超出国家规定标准的分贝数 × 超出范围对应的税额。

大气、水、固体废物和噪声四类征税对象的计税依据都涉及污染当量的测算，污染当量的检测则主要是由污染生产单位配合生态环境主管部门进行检测并准确掌握数据信息，税务机关作为传统的核算计税部门并不具备与环境监测相关的检测技术条件和基础。因此，在环境保护税的计征过程中，单纯依靠税务机关难以完成计税依据污染量的测算。

3. 生态环境主管部门协助环境保护税征管的必要性

环境保护税在监测大气污染物、水污染物、固体废物和噪声等征税对象时，嵌入了物料衡算、排污系数、抽样检测、自动监控等辅助计量手段进行数据检测，计税依据则以污染物排放量、污染当量和噪声分贝数等作为计税核算基础。这种以专业技术为基础的污染数据监测核算，完全有别于税务机关传统的单纯定量和定价的会计核算方式。生态环境部门〔1〕在环境保护税开征前一直承担排污费的征管工作，积累了丰富的污染监测技术与污染物核算经验，建立了一套包括收缴对象、征收范围、计费标准和征收环节等在内的相对系统的排污费征收体系，环境保护税的征收应当依托这一征管基础和体系，在生态环境主管部门的配合和协助下共同完成征管。

生态环境主管部门与税务部门分工协作开展环境保护税征管，既是征管的现实选择，也是优势互补的“强强联合”。生态环境主管部门协助税务部门开展税收征管，一方面发挥了税务机关在信息管税、依法治税、纳税服务、税务稽查等方面的优势，另一方面也借助了生态环境主管部门在污染物排放环境检测和核算方面的专业技术优势。跨部门协作开展环境保护税征管是一种能带来更好决策和结果、带来方法创新、提高税收征

〔1〕 根据中共中央2018年印发的《深化党和国家机构改革方案》，党和国家行政机构进行深化改革，要求组建生态环境部，原来的环境保护部不再保留；组建自然资源部，不再保留国土资源部、国家海洋局、国家测绘地理信息局。2018年10月26日，第十三届全国人民代表大会常务委员会第六次会议也对《环境保护税法》中的部门名称予以修正，将海洋主管部门和环境主管部门修改为“生态环境主管部门”。本书为了行文方便和统一，将“生态环境主管部门”和改革之前的“环境保护部门”统称为“生态环境主管部门”。

管效率的探索,也是公共管理资源优化整合的过程,可以使税务机关和生态环境主管部门有限的资源取得最大的征管效益。[1]《环境保护税法》为适应新的计税方式变化,探索性地设立了"企业申报、税务征收、环保监测、信息共享"协作征管流程,[2]也以法律形式确立了生态环境主管部门与税务机关系统协作征税模式。

(二)理论研究价值

加强跨部门协作,不仅是税务部门税费征管的重要趋势,也是公共管理现代化发展的现实要求。在当前我国税费改革快速发展的背景下,税务机关负责征管的税费范围进一步扩大,税源管理的专业化要求提高,税务机关税费征管跨部门合作需求也在不断提升。通过对环境保护税征管协作理论的系统化分析,研究立足我国税务机关税费征管协作现状提出协作系统理论,为解决政府部门隔离、行为碎片化问题,为实现整体政府跨部门协作提供理论支撑。分工协作是社会高效运行的必然要求,分工可更加专业地处理事务,而协作则是在分工下优化资源耗散、提高整体运行效能的有效方式。分工协作这一经济学理论应用在公共管理领域,就体现为整体政府治理协作系统理论。整体政府治理是将政府视为有机联系的整体,在合理分工的基础上通过横向和纵向协调的思想与行动以实现综合公共利益的治理模式;协作系统理论是在公共部门不断细化分工的背景下,为实现整体政府执行目标最优,通过各管理部门连续一致的目标指引,实现管理组织跨部门的有效沟通协作。协作系统理论倡导,在各部门职责分工明确的基础上,构建以税务征管部门为核心、多方主体协作参与的现代化税收征管体系。立足环境保护税协作征管制度,系统探索

---

〔1〕 王玉明、邓卫文:《加拿大环境治理中的跨部门合作及其借鉴》,载《岭南学刊》2010年第5期。

〔2〕《环境保护税法》第15条规定:"生态环境主管部门和税务机关应当建立涉税信息共享平台和工作配合机制。生态环境主管部门应当将排污单位的排污许可、污染物排放数据、环境违法和受行政处罚情况等环境保护相关信息,定期交送税务机关。税务机关应当将纳税人的纳税申报、税款入库、减免税额、欠缴税款以及风险疑点等环境保护税涉税信息,定期交送生态环境主管部门。"

我国税收征管领域跨部门协作的有效理论支撑,对我国建立科学化税收征管协作制度体系具有重要理论意义。

(三)实践研究意义

通过理论透视实践,协作系统理论应用于跨部门治理主要包含目标、意愿和沟通三种要素。以环境保护税征管协作为例,明确一致的公共管理目标是协作开展的逻辑起点,责权利明晰的部门边界是驱动协作的意愿基础、信息交互机制是协作沟通的保障。笔者通过对协作系统理论、环境保护税征管协作制度、协作程序、协作权责配置和沟通机制的系统研究,针对当前生态环境主管部门与税务机关跨部门协作环境保护税征管的理论支撑、制度保障、实践操作的现状与问题,提出统一明确管理目标、清晰定位部门职责、完善大数据信息交互机制。

针对实践中环境保护税征管跨部门协作存在的协作目标不明确、协作责权利边界不清晰、信息沟通效率不高等现实性问题,本研究依托协作系统理论指导,提出了完善协作征管制度、细化权责边界、优化信息沟通模式的对策性意见和建议,为实践中进一步推进环境保护税征管协作的开展提供了可应用、可复制的具体思路和方法。另外,本研究对我国《环境保护税法》与《税收征收管理法》的完善具有积极推动作用。

二、相关文献综述

(一)环境保护税研究

自庇古提出可用税收方法解决经济发展带来的负外部性问题后,很多经济学家开始对环境保护税的功能、作用以及征收标准展开研究。如鲍莫尔(Bamou)和奥泰斯(Oates)于1971年提出"标准收费法",认为可以运用环境价格和标准程序方法将外部成本内部化。而以皮尔斯(Pearce)为首的经济学家们则对环境保护税的实践效果展开研究,认为征收环境保护税可以实现"双重红利",一方面可以改善环境,另一方面可以促进经济发展。后来,鲍温伯格(Bovenberg)等人则采用CGE模型对环境保护税征管效率进行分析,对"双重红利"理论进行了验证和发展。当然,其中也不乏否定声音。如Bossier(1995)、Schoeb(1996)、Bayindir-

Upmann(2003)等人就认为“双重红利”理论只存在于理想状态,在实际中很难实现。域外对环境保护税的研究主要侧重经济学理论和方法的讨论:一是从经典理论出发进行拓展研究,包括税收相互作用效应、“双重红利”理论、最优环境税等,并在对不同市场特征、循环经济政策下环境保护税对经济效率、社会公平等的影响作出考察时,将理论与市场具体情况相结合。二是实施经验分析,在考察现实中环境保护税的作用与决定因素时,结合 CGE 模型对不同国家的环境保护税和相关税种的实际数据进行分析,从而为理论研究和政策选取提供研究支撑。

我国环境保护税的立法是在排污收费制度的基础上进行的,《环境保护税法》立法过程中始终遵循排污费制度平稳转移至环境保护税制度的原则。《环境保护税法》实施前后,国内学者们关注的焦点问题明显不同。《环境保护税法》颁布之前,学者们多基于对排污费制度的反思,主张引入域外国家形成的环境保护税制度,因而此阶段的研究主要在于论证环境保护税设置的必要性以及改革方案。王乔、周全林(1999)认为,在制约中国经济可持续发展的因素中,环境问题是突出问题,因此对排污者课征环境保护税是解决环境污染的治本之策。〔1〕刘波(2001)认为,“费改税”是一个必然的发展趋势。〔2〕王萌(2009)认为,排污费制度存在征收刚性不足、征收范围狭隘、收费标准偏低等不足,应当改革为以税为主。〔3〕袁向华(2012)对排污费与排污税进行比较,认为排污税在征收主体和执行力度方面更具优势。〔4〕《环境保护税法》颁布之后,学者们的关注点则聚焦于分析我国环境保护税制度的创新、优势和不足上。张守文(2017)认为,环境保护税立法的价值在于通过规制解决环境问题,而非获取收入。〔5〕

---

〔1〕 参见王乔、周全林:《我国开征环境保护税的总体思考》,载《江西社会科学》1999年第3期。

〔2〕 参见刘波:《关于环境管理中“费改税”的构想》,载《江汉论坛》2001年第12期。

〔3〕 参见王萌:《我国排污费制度的局限性及其改革》,载《税务研究》2009年第7期。

〔4〕 参见袁向华:《排污费与排污税的比较研究》,载《中国人口·资源与环境》2012年第S1期。

〔5〕 参见张守文:《我国环境税立法的“三维”审视》,载《当代法学》2017年第3期。

卢洪友、朱耘婵(2017)通过建模分析,认为融入型环境税费制度过于碎片化,需要通过改革的方式确立环境保护税的主体税种地位。[1] 于连超等(2021)则使用双重差分法,验证环境保护费税改革对企业产能利用率的提升效果,得出制度改革明显改善了企业的短期绩效的结论。[2] 祁睿茹(2018)认为,我国在环境保护税立法上取得了较大的进展,尤其是在授权地方立法方面;同时指出,应对保护纳税人合法权益予以重视。李旭红(2018)认为,环境保护是一项持续的工作,税目的增加还留有一些空间;她还指出,基于环境保护税的专业性,计税依据主要是污染物的污染当量数;并且需要在征收环境保护税的过程中合理协调纳税人、税务机关及环境部门之间的关系,不能忽视调动地方积极性。[3]

建立在可持续发展理论基础上的环境保护税,既可增加政府的财政收入,为社会环境资源的保护、污染的治理提供可持续的资金支持;还可将环境污染、生态破坏行为造成的外部成本内部化,从而将社会边际成本真实地反映出来[4]。环境保护税利用经济杠杆遏制环境破坏、实现环境保护,是一种双赢的环境问题解决方式,也是社会经济发展的必然趋势[5]。国内围绕环境保护税制度的研究大体可分为三个阶段:第一个阶段是2000年前后,主要围绕我国是否开征环境税、开征时机是否成熟进行了讨论,多数学者主张应重点完善排污收费制度和相关税收政策;第二个阶段是2002年至2017年,国内研究转向环境保护税税制设计,税制设计成为研究重点;第三阶段是2017年至今,重点围绕环境保护税征税对象和协作征管问题开展系统性讨论。

---

[1] 参见卢洪友、朱耘婵:《我国环境税费政策效应分析——基于“三重红利”假设的检验》,载《中国地质大学学报(社会科学版)》2017年第4期。

[2] 参见于连超、孙帆等:《环境保护费改税有助于提升企业产能利用率吗?——来自〈环境保护税法〉实施的准自然实验证据》,载《上海财经大学学报》2021年第4期。

[3] 参见李旭红:《环境保护税法实施的关键点探讨》,载《中国财政》2018年第4期。

[4] 姜涛:《论环境税收制度》,载吕忠梅主编:《环境资源法论丛》第3卷,法律出版社2003年版。

[5] 贾康:《环保税用法律明确污染者付费》,载《经济》2017年第5期。

（二）税收征收管理研究

税收征收管理（以下简称税收征管）是一个国家及其税务机关依据税法对纳税人正确履行纳税义务进行指导，并对征纳过程进行组织、管理、监督、检查等一系列工作的总称。税收征管是税务机关依法进行税务管理活动的核心，主要由税收征管制度及与之相对应的税收征管模式组成。我国1992年颁布实施的《税收征收管理法》是指导我国税收征管的基本法。《税收征收管理法》颁布实施以来虽多次修订，但在税收法定及数字化经济快速发展的推动下，税收征管制度不断迎来新的挑战。当前，税收征管制度改革是税法学界讨论的焦点话题。是“面向未来”全面改革，还是“零敲碎补”地修订完善，既是税收征管法改革的方法论问题，也是一个战略问题[1]。

1. 税收征管模式创新

近年来，国内学者对税收征管体制问题进行了重新思考，尝试将目光放在对现代管理学、体制经济学等综合学科研究成果的运用上。税收征管模式探索的研究成果主要集中在征管环节、机制优化和信息化建设方面。杨斌（2000）总结了7个在选择税收征管模式时应遵循的原则，包括国情原则、征管模式与税制结构相适应原则、信息全面准确及时原则、多元化原则、最小成本原则、权力制约原则和便利纳税人原则。[2] 曾国祥（2003）认为，应当实行多元化的申报模式、以属地为原则进行管理、集中力量加大征收管理力度，并以稽查作为重点工作内容。[3] 平晓峰（2002）分析税收管理的组织结构设计存在的问题是从组织管理学角度出发的，他认为，税收组织结构的体系设计应当权衡多方面要求，不能仅考虑行政运行这个单一方面。[4] 葛元力（2003）以我国国情为基础，阐述了运用现

---

〔1〕 滕祥志：《〈税收征收管理法〉修订的几点建议》，载《中国财政》2015年第4期。

〔2〕 杨斌：《选择税收征管模式的原则》，载《税务研究》2000年第3期。

〔3〕 曾国祥：《以城市为中心的税收管理和征管改革》，载《税务研究》2003年第8期。

〔4〕 平晓峰：《从组织管理学角度分析税务管理的组织结构》，载《税务研究》2022年第2期。

代的流程再造理论的方法,对推动我国深化税收征管改革的建议措施进行深度思考。[1] 施正文(2015)的观点是,通过建立保障、动力和问责机制,达到征管行为规范化的目的;为推进征管工作规范化,应当将征管规范化建设取得的成效一同纳入干部绩效考核指标体系。[2] 王鸿貌等提出,应通过完善内部激励机制,促使纳税服务能力和水平的提高,调节征纳关系、加强征纳双方权利保障和监督制约,从而达到维护税收征管秩序、保障国家财政收入的目的。[3] 张群辉(2020)认为,应通过完善具体规则来加强税收信息化建设的方式促进涉税信息共享机制的完善,以提高税收征管效率。[4]

随着大数据信息化快速发展,学者们适应新趋势发展要求,不断回应现实对税收征管改革的发展诉求。周海燕(2011)提出,应在网络经济快速发展的背景下,基于新一代网络传输语言在税收征管中的应用,推动征管模式的创新。[5] 黄桂祥(2013)针对转型期的税收征管模式,结合了理论与实践,提出新税收征管模式应当具有"专业化、信息化、社会化、人文化"特征。[6] 谢永健(2014)指出,想要从根本上使税收征管模式与时代发展要求相适应,应当运用大数据的思维和手段,从税收征纳双方信息不对称这一点入手,实施"信息管税"。[7] 董蕾、先潇潇、王向东(2019)认为,应着力推动征管理念由"税收征管"向"协助纳税"转变,征管规程由"业务流程"向"信息流程"转变,征管手段由"数据库技术"向"大数据技

---

〔1〕 葛元力:《流程再造理论在税收管理领域的应用》,载《税务研究》2003 年第 2 期。

〔2〕 参见施正文:《税收征管规范化:税收管理事业的里程碑事件》,载《中国税务》2015 年第 9 期。

〔3〕 参见王鸿貌、贾英姿:《国家治理视角下的中国税收征管改革研究》,载《财经问题研究》2016 年第 1 期。

〔4〕 张群辉:《涉税信息共享机制的现状与完善》,载《湖南税务高等专科学校学报》2020 年第 33 期。

〔5〕 周海燕:《网络经济时代的税收征管模式创新》,载《税务研究》2011 年第 4 期。

〔6〕 黄桂祥:《转型时期税收征管模式特征分析》,载《税务研究》2013 年第 6 期。

〔7〕 谢永健:《大数据:实现税收现代化的利器》,载《中国税务报》2014 年 9 月 17 日,第 6 版。

术”转变。[1] 针对税收征管模式，当前研究的主要观点是加强信息共享，利用信息化手段提高税收征管效率；通过建立合理的保障问责机制规范征管工作；为了提高环境保护税的征收效率，在征收程序上也要重视信息共享的质效。

2. 跨部门协作研究

国外学者对公共管理跨部门协作问题研究起步较早，有着更为系统和全面的阐述。近年来，不同学者围绕跨部门协作理论联系实践所持有的独特观点，为探索公共管理协作的现实操作提供了多样化的视角。阿格拉诺夫（Argunov）和麦圭尔（Mc Guire，2007）以收集到的案例为切入点，在针对案例进行剖析的同时，对协作治理的种类、特征及实施过程展开全方位的解释，从而提出协作性公共管理理论并作出全面详细的阐述。斯蒂芬·戈德史密斯（Stephen Goldsmit）和威廉·埃格斯（William Eggers，2008）提出了网络化治理理论，这一理论被欧美国家政府组织普遍接纳与采用。在他们看来，传统的等级式官僚制模式正在逐步被当代新型的治理体系即网络化治理取代。尤金·巴达赫（Eugene Badach，2011）则指出，部门协作产生于新时代的发展过程，是政府部门在治理模式上形成的新思维方式和管理方法；各部门之间通过不断协调、磨合，逐步解决在协作中所产生的权责划分、机构重组、达成公共价值的一致性、寻求利益的最大化等问题，从而使一种全新的治理体系得以形成。

国内对跨部门协作的研究成果集中于两个层面，一是对跨部门协作的理论层面的思考，如孙迎春（2013）阐释跨部门协同的内涵，对其类型、运行机制等展开理论分析；[2] 刘明亮等（2021）认为，跨部门协同治理在含义上是十分广泛的，它是指政府在应对国家治理中存在的疑难问题时，通过联合、协调、协同和协作方式，将所有可利用资源和力量统筹起来以

---

〔1〕 参见董蕾、先潇潇、王向东：《机构改革背景下税收征管模式转型》，载《税务与经济》2019 年第 3 期。

〔2〕 孙迎春：《国外政府跨部门协同机制及其对中国的启示》，载《行政管理改革》2013 年第 10 期。

实现国家政策和政府管理功能及活动的整合;[1]王清(2015)认为在行政执法合作中各个部门之间的协作是一种博弈,并针对横向政府部门博弈的4种不同的类型进行详细分析;[2]李婷婷(2018)对协作治理领域的中英文文献进行梳理,从外观和内核两个层面对该领域迄今的主要研究进展进行介绍;[3]张学诞等(2020)从整体政府的视角出发,主张不同部门与不同层级的政府机构、社会组织、私人部门协同合作,实现功能整合、信息共享,并使得公共利益最大化。[4] 二是将目光放在我国的跨部门协作如何指导实践进行深度建设的探索,如陈曦(2015)针对我国跨部门合作存在的现实问题进行思考,并分析了国外跨部门合作理论与经验,从制度、文化、组织、能力、技术等诸多方面为我国的跨部门合作提供了策略选择;[5]周悦丽(2017)从区域行政执法的角度对协同机制展开思考,提出整体政府治理模式的实践方案;[6]王雅琪等(2021)从建设环境司法与行政执法协作机制的必要性出发,认为共担风险、互利互倚的合作机制有助于提升行政机关的管理效率。[7] 他们的研究为笔者跨部门协作研究提供了参考。

3. 税收征管协作

国内学者对税收征管协作问题虽有关注,但多是从协作理论不同视角围绕税收征管领域中的协作问题开展宏观分析,成果主要集中在税收

[1] 参见刘明亮、许敏:《构建新时代内部审计指导监督机制的研究——基于整体政府跨部门协同治理理论》,载《审计月刊》2021年第5期。

[2] 王清:《行政执法中的部门博弈:一项类型学分析》,载《政治学研究》2015年第2期。

[3] 李婷婷:《协作治理:国内研究和域外进展综论》,载《社会主义研究》2018年第3期。

[4] 参见张学诞、赵妤婕:《整体政府视角下税收治理的经验与启示》,载《税务研究》2020年第12期。

[5] 陈曦:《跨部门合作机制对我国政府的启示》,载《学术探索》2015年第4期。

[6] 周悦丽:《整体政府视角下的京津冀区域执法协同机制研究》,载《首都师范大学学报(社会科学版)》2017年第4期。

[7] 参见王雅琪、张忠民:《现代环境治理体系中环境司法与行政执法协作机制的构建》,载《中国矿业大学学报(社会科学版)》2021年第3期。

管理领域;法学视角的讨论则多聚焦于具体税种的制度建设层面。宏观层面应用协作理论指导税收管理的研究主要有:王子豪(2012)结合分工协作理论探索税收专业化管理的实现路径;[1] 储德银、左芯(2018)认为,为提高税收征管效益,应在互联网迅速发展的背景下依托信息化平台开展跨部门协作。[2] 何正华(2020)以税收征管单位为实证载体,综合运用系统论方法体系,力求积极推动基层征管集成整合的建构与实施。[3] 何晴等(2020)结合我国税收征管实践,提出我国税务机关应当与共享经济平台和互联网平台企业探索更加密切的涉税合作,发掘其参与税收治理的功能属性。[4] 王丽娜(2021)认为,数字经济驱动征管业务变革,在协作征管方面具体体现为建成税务机关与其他部门常态化、制度化数据共享协调机制。[5] 何敏飞(2017)从跨部门协作角度讨论了税务与审计配合机制的问题。法学视角的研究主要是在环境保护税开征后,学者们聚焦环境保护税征管协作中的问题开展了较为集中的讨论。[6] 胡学龙、杨倩(2018)从环境保护税制度层级的改进及协作监督机制入手,对比原排污费制度,提出完善《环境保护税法》的对策建议。[7] 王鲁宁、巫晓慧(2018)等在借鉴国外环境保护税征管制度的基础上,提出建立环保部门

---

[1] 王子豪:《论基于分工协作理论的现代税收专业化管理》,载《税务研究》2012 年第 11 期。

[2] 储德银、左芯:《"互联网+"背景下加强税收征管面临的挑战及应对》,载《税务研究》2018 年第 7 期。

[3] 参见何正华:《优化基层税收征管质效对策研究——基于系统论视角》,载《税收经济研究》2020 年第 4 期。

[4] 参见何晴、房天依:《跨组织合作与税收协同共治:国际经验及启示》,载《国际税收》2020 年第 9 期。

[5] 参见王丽娜:《数字经济下税收征管数字化转型的机遇与挑战》,载《国际税收》2021 年第 12 期。

[6] 何敏飞:《建立审计与税务机关配合工作机制研究》,载《税务研究》2017 年第 5 期。

[7] 胡学龙、杨倩:《我国环境保护税制度改进及征收管理研究》,载《税务研究》2018 年第 8 期。

和税务机关之间的信息集成系统。[1] 吕凌燕、曹勐菲(2019)从协作系统理论出发,讨论了环境保护税征管中存在的问题,并提出协作征管制度完善的建议。[2] 侯卓(2019)从环境保护税款管理的角度,提出跨部门系统协作管理的意见。[3] 林蔚(2021)围绕提升环境保护税征管质效的目标,提出应当进一步明确税务机关和生态环境主管部门跨部门征管"合作"的平等定位,厘清部门基于"整体政府"效率目标应承担的征管职责。[4]

我国《税收征收管理法》自2015年修正以来,学者们围绕税收征管制度的研究成果较为丰富,但大部分学者都侧重征管过程中纳税人权利保护及征管程序方面,较少关切税收征管协作领域相关问题。协作理论的研究则主要聚集于公共管理领域以及行政管理领域,在税收征管领域支撑协作征管体系化实施的理论较为匮乏。目前,税收征管领域虽已尝试应用协作理论解决税收征管问题,但在理论上缺乏对税收征管协作问题系统的研究和阐释,多数研究都聚焦在部门间信息共享机制的建立上,而对于将系统的协作理论应用于税收征管制度,构建完善的税收征管协作制度体系的研究仍然相当匮乏。随着我国税务机关税费征管任务不断增加,完善税收协作征管理论和制度建设是当前我国税收征收管理改革的一项重要议题。

(三)环境保护税征管研究

经济合作与发展组织(Organization for Economic Co-operation and Development, OECD)[5]国家大多以直接向环境排放的污染物作为环境

---

〔1〕 参见王鲁宁、巫晓慧、王乾:《环境保护税征管"协作共治"的思考》,载《国际税收》2018年第12期。

〔2〕 参见吕凌燕、曹勐菲:《协作视角下税收征管制度改革——以环境保护税为例》,载《中国地质大学学报(社会科学版)》2019年第6期。

〔3〕 参见侯卓:《论环保税专项支出的地方预算法治改进》,载《中国地质大学学报(社会科学版)》2019年第1期。

〔4〕 林蔚:《跨部门合作:环境保护税征管合作机制研究》,载《华南师范大学学报(社会科学版)》2021年第4期。

〔5〕 经济合作与发展组织,是由38个市场经济国家组成的政府间国际经济组织,旨在共同应对全球化带来的经济、社会和政府治理等方面的挑战,并把握全球化带来的机遇。它成立于1961年,总部设在巴黎。

保护税的征税对象，计税依据主要分为定额征收、定率征收两种，多实行累进税率政策。由于各国国情不同，环境保护税征管部门不尽相同。征管模式主要有三类：一是由环保部门征管；二是由财税部门征管；三是由其他部门代扣代缴。

国内围绕环境保护税征管的研究主要从理论和实践两个层面展开。理论层面，研究多从应然层面思考环境保护税征管程序如何设计，才能缓和有效征税和权利保护之间的张力。如丁芸、胥力伟（2016）认为环境保护税具有特殊性，应建立环保部门和税务机关联合稽查机制，鼓励社会公众积极参与对排污行为的监督。[1] 武辉、卢茂洲（2017）认为环境保护税开征缺乏可靠的税源底数和配套法律法规，征收难度和执法风险加大，税额调整依据难以把握，会受到地方政府和社会利益群体的阻力。[2] 王佳宜、张芳芳（2017）认为，为保持税收的中性，应将环境保护税收入作为保障开展环境保护工作的专项资金，并实行专款专用、跟踪审计。[3] 吕凌燕（2019）认为，现行《环境保护税法》和《税收征收管理法》不能很好支撑环境保护税的征管协作工作，税收征管协作制度具有明显的滞后性。侯卓、黄家强（2019）认为，环境保护税是国家创新环境政策和重构环境伙伴关系的制度产物，税制的设计、税权的自主实施和税政环境的优化决定实际的效果。[4] 于佳曦、赵治成（2021）从税收征管视角对环境保护税法制度的完善提出了系统化建议。[5] 黄素梅和李佳鹏（2021）认为，解决跨部

[1] 参见丁芸、胥力伟：《〈环境保护税法征求意见稿〉的反思》，载《会计之友》2016 年第 15 期。

[2] 参见武辉、卢茂洲：《开征环境保护税的效应预测及政策建议——以山东省为例》，载《山东财经大学学报》2017 年第 6 期。

[3] 参见王佳宜、张芳芳：《我国环境保护税征管相关问题研究及对策》，载《时代金融》2017 年第 33 期。

[4] 参见侯卓、黄家强：《财政自主与环境善治：环境税法实施中的法域协调》，载《中国人口·资源与环境》2019 年第 2 期。

[5] 于佳曦、赵治成：《基于征管视角的环境保护税制度完善建议》，载《税务研究》2021 年第 11 期。

门协作征管中出现的问题,需要对生态环保部门与税务机关予以明确,并努力完善环境保护税的部门协作征收机制和税收核定程序。[1] 刘田原(2021)认为,应借鉴域外成功的税收征管经验,进一步完善涉税信息共享机制,提高污染监测数据的准确程度,改进涉税信息共享平台的功能,明确征管各方主体的法律责任。[2]

实践层面,研究多从实然角度考察环境保护税征管中的现实难题,试图从征管机制方面提出破解方案。秦天宝等(2017)指出,环境保护税征管专业性较强,环境保护行政主管部门是评价环境污染的国家主管机关,税务机关计税依据的评价依赖于环境保护行政主管部门关于排污量的执法。[3] 刘苍瑜(2018)提出,应从健全税收征管办法、完善税收优惠制度、推进绿色科技创新方面应对我国《环境保护税法》实施中所面临的问题。[4] 周志勇等(2018)认为,当前环境保护税的税收优惠政策设置存在不合理之处,并提出了"规范税收优惠政策,鼓励纳税人正向选择"的对策性建议。[5] 刘田原(2019)指出,环境保护税征管存在部门协调不足、征管技术不强、纳税积极性不高等问题,需要加强环保部门经费保障,加大技术研发投入,引入大数据监测,确保专款专用。[6] 黄素梅等(2021)认为,环境保护税征管存在应税污染物监测难度大、跨部门协作征管要求高等特殊性,存在部门协作不到位、核定和复核程序不明确、生态环境主管部门诉讼主体地位不明、权责模糊不清等问题,应进一步完善环境保护税

---

[1] 黄素梅、李佳鹏:《试析我国环境保护税征管中的难题与对策》,载《税务研究》2021年第2期。

[2] 刘田原:《环境税涉税信息共享机制探析》,载《地方财政研究》2021年第2期。

[3] 参见秦天宝、胡邵峰:《环境保护税与排污费之比较分析》,载《环境保护》2017年第2期。

[4] 参见刘苍瑜:《我国环境保护税法实施中的问题研究》,载《环境与发展》2018年第1期。

[5] 参见周志勇等:《我国环境保护税法解读:不足与改进建议》,载《绿色财会》2018年第6期。

[6] 参见刘田原:《环境保护税征管:现实困境、域外经验及完善进路》,载《地方财政研究》2019年第12期。

的部门协作征收机制、税收核定程序，明确生态环境主管部门与税务机关的权责与法律地位。[1] 方堃(2019)提出，环境保护税征管中存在纳税人守法能力不足、相关部门协同动力不够、税收征管效率不高等问题，应从立法、执法、司法、守法等层面强化纳税人权利的法理认知，增强法律规定间的制度衔接，制定可操作性更强的征管细则或规程，促进执法部门间的协作，保障纳税人的合法权益。[2]

在环境保护税协作权责确定方面，何玮(2018)指出，生态环境主管部门在与税务机关协作中的责任并不明确，应明确协作责任，规范征收行为。[3] 刘姗(2019)认为，《环境保护税法》虽然构建了涉税信息共享平台的法律框架，但具体规则并不明晰；因此，主体权责不明、欠缺规则可操作性、难以保障有效性的缺憾是当前涉税信息共享建设存在的问题，应当从权责分配、程序、责任、救济等方面着力优化环境保护税涉税信息共享规则。[4] 叶金育教授(2020)则认为，权责配置不合理是环境保护税征管中部门协同不足的关键之所在；立法将环保部门定位为征管辅助部门，增加了其征管义务，削减了其征管权能，这种设置不符合稽征经济理念，也与权责一致原则相悖，如不矫正，存在造成征管裂痕和忧虑的可能性，从而影响征管效率；环保部门的功能定位设置需调整，更应将其明确为征管合作部门。[5] 林蔚(2021)认为，生态环境主管部门与税务机关功能定位不清、职责衔接不当、激励机制不足等合作征管模式的困难和障碍制约着环保税征收效果。围绕提升环境保护税征管质效的目标，中国环境保护税

〔1〕 参见黄素梅、李佳鹏：《试析我国环境保护税征管中的难题与对策》，载《税务研究》2021年第2期。

〔2〕 参见方堃：《环境保护税征管中的问题与对策》，载《中州学刊》2019年第8期。

〔3〕 何玮：《环保税征管模式：部门协作难题与解决对策》，载《中国总会计师》2018年第11期。

〔4〕 参见刘姗：《税收共治视野下环境税涉税信息共享最优规则》，载《南京工业大学学报（社会科学版）》2019年第5期。

〔5〕 参见叶金育：《论环境保护税征管中环保部门的权责配置》，载《华东政法大学学报》2020年第4期。

征管制度应当进一步明确税务机关和生态环境主管部门跨部门征管“合作”的平等定位,厘清部门基于“整体政府”效率目标应承担的征管职责;还应当通过规范环境保护税收入的归属和使用激发跨部门合作征管的积极性,从而形成科学、长效的环境保护税合作征管机制。[1]

现有学术研究给予了环境保护税征管问题充分的关切,但还存在以下三个方面的不足:其一,反思我国环境保护税征管问题时,缺乏对问题系统性的成因分析,没有提出针对性的建议;其二,对环境保护税征管效用的评估,缺乏对排污费制度的对比观照,不能有效评估环境保护税征管的实践效果;其三,对于生态环境主管部门与税务征管部门信息沟通交互现状关注不足,围绕环境保护税征管风险信息平台的研究成果有限。

三、研究思路与方法

(一)研究思路

笔者以我国环境保护税征管中的协作问题为导向,以《环境保护税法》和《税收征收管理法》为制度研究基础,通过深入探索税收征管跨部门协作指导理论,回溯排污费征管程序,聚焦环境保护税征管中生态环境主管部门与税务机关协作机制的建构,从理论、实践和法律制度三个维度展开体系化研究(见图 1-1)。

首先,以《环境保护税法》生态环境主管部门协助税务机关开展环境保护税征管这一探索性法律规定为研究起点,通过跨区域、跨时间维度、多层次、多部门的实地调研与视频会议、电话提问等多种形式的其他调研,了解环境保护税自 2018 年开征以来的征管效果,并探寻实践中生态环境主管部门协助税务机关征管的现实困难与问题。综合调研发现:环境保护税总体收入低于预期,生态环境主管部门协助税务机关开展环境保护税征管积极性不高,生态环境主管部门与税务机关信息沟通模式单一、信息交互低效,税务机关在环境保护税征管中技术能力支撑不足。

---

〔1〕 参见林蔚:《跨部门合作:环境保护税征管合作机制研究》,载《华南师范大学学报(社会科学版)》2021 年第 4 期。

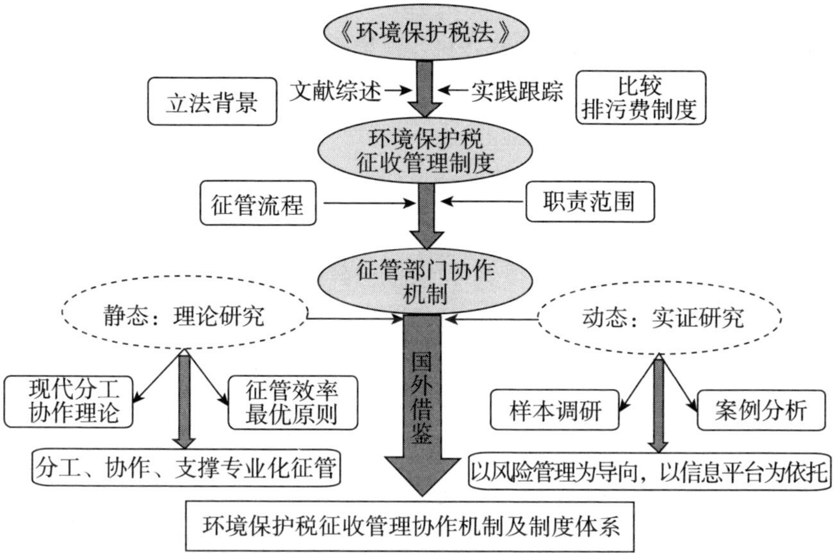

图1-1 研究路线

其次,从法学视角思考解决问题的方向,探寻推动环境保护税征管协作有效开展的制度路径。通过对环境保护税协作制度系统梳理分析发现,我国当前税收征管协作制度体系不完善、规范内容滞后的深层次原因是协作制度建构理论支撑不足;分工协作理论多应用于经济和管理领域。笔者在对整体政府和跨部门协作理论发展沿革及在我国应用情况分析的基础上,研究提出协作系统理论的迁移应用对我国税收征管协作制度的体系性完善具有重要意义,并阐释了协作系统理论在我国税收征管协作制度建构中的三大要素:协作目标是指引(制度)、协作意愿是基础(权责)、协作信息是支撑(沟通)。

最后,本书立足协作系统理论目标、意愿、信息三要素指引,围绕环境保护税征管中的现实性问题,从环境保护税协作征管制度、跨部门协作职责制度、信息沟通制度三方面展开了系统性制度分析,最终落脚于环境保护税征管协作机制的科学建构,以环境保护税协作征管制度体系、跨部门协作权责配置、协作信息沟通机制为切入点，针对实践中的问题提出了当前我国环境保护税征收管理协作机制建构的意见和建议。

（二）研究方法

1. 理论分析与实证调研相结合

本书密切联系当前税收征管制度改革和环境保护税征管实践发展态势，从财税法学、系统管理学、行政法学等领域进行理论溯源，深入开展理论分析，针对环境保护税征管具体问题选择江苏省（东部）、宁夏回族自治区（西部）及湖北省、湖南省（中部）样本地区进行专题调研和个案分析相结合的研究。

2. 跨学科研究

本书采用学科交叉和系统研究方法，将法学研究与系统管理科学相结合，针对财税法律问题，应用管理学，依据财税法学、行政法学研究方法探索环境保护税征管中税务机关与生态环境主管部门的较优协作机制。

3. 比较研究

本书采用横向对比和纵向对比的研究方法；横向比较立足行政管理跨部门协作实施现状，借鉴分析公共管理跨部门协作治理实施效果较好的制度，总结协作机制运行中的经验和教训；纵向比较立足我国环境保护税的立法背景，通过对排污费制度发展演变历程及征管程序的分析，总结我国环境管理税费制度征管经验；在比较中探索理论、管理风险、总结经验、探寻路径。

4. 调研与案例研究

通过问题调查、专家咨询、走访、座谈等方式，选取典型地方进行抽样调研和案例研究。一方面是资料收集梳理，围绕生态环境主管部门与国家税务机关的相关资料和文件进行收集整理和梳理。另一方面选取宁夏回族自治区、湖北省黄石市、湖北省宜昌市、湖南衡阳市、江苏省扬州市等城市，深入生态环境主管部门、税务机关、污染型企业开展实地走访、视频会议、座谈。另外，针对典型问题和案例进行专家座谈和走访咨询，同专业人士探讨在环境保护税征管中生态环境主管部门与税务机关的协作模式。

通过实地调研国家税务机关、生态环境主管部门、生产型污染企业、地方政府等机关单位,就环境保护税的征管进行调研,在梳理一手资料的基础上,理论结合实践,分析现实中存在的问题,并以问题为导向寻求提高环境保护税征管效率的管理方式和制度完善路径。

四、研究内容与创新及特色

(一)研究内容

本书以《环境保护税法》的实施为背景,以环境保护税征管中的问题为线索,从理论、实践和法律制度三个层面围绕"环境保护税征管协作机制建构"展开研究。其主要内容包括四个部分:第一部分,从环境保护税征管的特殊性切入,在将环境保护税与排污费的征管比较中明确生态环境主管部门协作环境保护税征管的历史背景和现实必要性;通过解析环境保护税征管程序,分析环境保护税与其他一般税种征管的不同,从而明确生态环境主管部门在环境保护税征管程序中的协作定位。第二部分,在对环境保护税协作征管实践和协作制度内容系统分析的基础上,围绕"环境保护税征管协作"这一中心论题,从环境保护税、税收征管、协作管理三个方面系统整理分析相关基础性理论,进而提出协作系统理论可为环境保护税协作征管机制的建构提供科学指导。第三部分,在协作系统理论目标、意愿、信息三要素指导下,针对协作征管实践中出现的问题,从税收征管协作制度、协作部门责权配置、协作沟通方式三方面展开研究。第四部分,围绕机制建构的重点问题,立足协作系统理论,从完善税收协作法律制度体系、细化机构职责配置、优化信息沟通模式三个方面,围绕环境保护税征管协作机制的建构提出对应性的意见和建议。

第一部分:研究基础——阐释研究对象,第二章和第三章组成该部分,主要围绕环境保护税征管的特殊性及生态环境主管部门在征管中的协作定位展开。第二章基于《环境保护税法》由排污费制度费改税平移而来的历史背景,从征管视角将环境保护税与排污费进行费税征管比较,以阐释生态环境主管部门参与环境保护税征管的现实性基础,进而分析生态环境主管部门协作实施环境保护税征管的必要性。第三章从环境保护税征管程序出发，系统梳理环境保护税征管流程，分析环境保护税与一般税种在征管环节上的差异性及特殊技术需要，解析生态环境主管部门在环境保护税征管中的协作定位。

第二部分：支撑理论——提出指导理论，第四章支撑该研究部分，在对环境保护税、税收征管、分工协作、权责配置相关理论系统梳理分析的基础上，提出我国环境保护税征管协作机制建构的系统性指导理论——协作系统理论，并解析组成协作系统理论的核心三要素：目标、意愿和信息。明确一致的目标指引是协作的逻辑起点，内在协作意愿是开展协作的基础，在目标和意愿达成过程中，高效的信息交互是协作的保障；三要素相互承接、推动转化，从而组成逻辑自洽、结构分明的协作体系化架构。

第三部分：研究核心——分析协作内容，第五章、第六章和第七章在协作系统理论三要素指导下，分别从制度建构引领协作目标、权责配置驱动协助意愿、信息平台推动协作沟通三个视角，采取理论联系实践的方式，围绕环境保护税征管协作机制建构的核心内容进行系统性研究。第五章在对环境保护税征管协作相关制度系统性梳理的基础上，提出征管协作制度在协作目标指引方面存在的突出问题，并针对制度建构问题进行对应性分析。第六章指出环境保护税征管协作实践中生态环境主管部门协作意愿普遍不强、协作部门责权利边界不清等问题，在对实践基础和制度基础系统分析的基础上提出进一步完善的对策性意见。第七章从信息沟通在环境保护税征管协作中的定位出发，在实践调研的基础上分析了协作征管中信息沟通方式存在的突出问题，从地方差异化沟通效果的分析，尝试总结有效的环境保护税协作征管信息沟通方式。

第四部分：研究结论——建构协作机制，第八章围绕环境保护税征管协作机制的建构，以协作系统理论为指导，回应环境保护税征管协作制度存在的问题，提出协作规范指引跨部门协作目标、明晰责权利配置推动协作意愿达成、健全信息沟通模式保障协作实施、优化协作程序提高协作征管效率的建构思路。最后得出结论，从环境保护税协作程序优化、协作制度改良、协作职责细化、信息沟通多样化四个方面提出具体建构完善我国环境保护税征管协作体系现代化建构的系统性对策建议。

(二)研究创新

第一,立足环境保护税协作征管理论建构需要,将分工协作理论迁移到整体政府治理,提出协作系统理论是解决政府部门隔离、行为碎片化公共管理问题的重要指导理论。协作系统理论是为消除机构功能日渐分离和部门行为碎片化问题,以既定的整体性公共服务目标为中心,在不变更部门边界的前提下实现整体政府跨部门职能衔接与协作的有效理论支撑。协作系统理论应用于整体政府治理,主要包含目标、意愿和信息三层基础要素:统一的管理目标是指引部门协作的逻辑起点,清晰的责权利是协作开展的意愿基础,高效的信息化沟通模式是协作的保证,三要素间相互承接、相互推动转化,组成了逻辑自洽、结构分明的协作理论体系。协作系统理论的目标、意愿、信息三要素的系统解析为抽象到具象、理论指导实践、解决税收征管领域政府跨部门协作类型化问题提供具体指导。

第二,以环境保护税为例,发现跨部门协作是我国税收征管现代化发展的重要趋势,通过对我国《环境保护税法》及税收征管制度的系统化分析,指出我国当前税收征管协作制度存在实体法和程序法定位不清、宏观与微观制度联动低效、国家制定与地方制度衔接不紧等问题,难以高效发挥征管协作目标指引功能;针对突出问题,提出完善《税收征收管理法》、推动制度协同、加强税收征管协作制度体系建设的具体建议。

第三,从税费征管视角,将环境保护税与排污费进行比较,解析生态环境主管部门参与环境保护税征收的现实背景及功能定位,并对《环境保护税法》中协作征管内容进行深入的规范性解析。从制度与实践双向视角对环境保护税征管程序进行系统梳理与分析,使环境保护税的征管流程和环节清晰化,从程序上阐释环境保护税与其他一般税种在征管环节和内容上存在的特殊性。

第四,揭示实践中生态环境主管部门协作环境保护税征管意愿不足、积极性不高、主动性不强等现象,通过法律制度的系统性分析,提出环境保护税征管协作主体存在的协作权责边界不清、缺乏激励、风险防控机制不全以及法律责任不明晰等突出问题，进而提出细化协作职责配置、优化跨部门协同体制的对策性建议。

第五，污染数据信息交互是生态环境主管部门协助税务机关开展环境保护税征管的主要方式，各省级税务机关与生态环境主管部门已建立运行的省级环境保护税“涉税信息平台”选择了17个涉税风险点进行大数据比对筛查。调研发现，信息沟通主要依托的“涉税信息平台”存在交互信息单一化（仅数据信息）、沟通方式单向性（生态环境主管部门单向向税务机关输出数据信息）、信息交互程式低效（逐级汇总至省级平台交互）等问题；围绕重点问题，提出信息交互方式应以涉税信息平台为主、平台线下沟通为辅，构建双向、多元沟通模式。

（三）研究特色

第一，注重系统性的理论指导，同时观照学科融通。一方面，协作系统理论贯穿研究全过程，整体架构以协作系统理论目标、意愿、信息三要素为指导，从规范协作制度（确立目标）、确立协作职责（推动意愿达成）、保障信息沟通（信息交互）三个维度围绕环境保护税征管协作机制展开系统化讨论。另一方面，研究主题具有跨学科特征，理论分析和问题研究过程都注重关注和引介其他学科成果，特别是理论分析部分，将政治经济学、公共管理学、法学等相关理论融会贯通，立足研究目标导向，将协作系统理论作为研究的核心指导理论；第六章权责配置对策性意见阐述中参照了部分公共管理领域的研究成果。

第二，观察实践以发现问题、面向实践以研究问题、回应实践以解决问题。本书的全过程均注重与一线实践部门保持沟通，以了解实践中出现的问题，进而思考从机制体制改良和制度规则完善方面解决这些问题的主要路径和方式。第三章、第五章和第六章从理论指导出发，在制度研究联系实践分析的过程中，便是通过与省级和基层税务机关、生态环境主管部门、污染企业相关部门同志交流时发现具体问题。这些问题有些是现象，有些是体制性矛盾、有些则是制度建设滞后性问题。对制度性问题大体上都通过制度规范分析提出了具体的对策性意见；对政府体制性问题,则有针对性地提出了完善建议。

第三,重视但超越单纯的对策研究,融通理论与实践,理论探讨求深度,对策建议重操作。本书虽是直接针对环境保护税征管协作机制问题展开,但在研究过程中对税收征管协作基础理论持续进行着反思,以为我国税收征管制度立法研究、环境保护税征管协作的有效开展奠定基础。

第二章 征管视角下环境保护税与排污费比较分析

一、排污费到环境保护税的发展变迁

我国《环境保护税法》于2018年施行，旨在保障和改善环境，降低污染物排放，促进生态文明。环境保护税作为我国落实税收法定原则后第一个正式开征的绿色税种，严格奉行绿色发展理念，承担着促进生态环境保护的重任。[1] 环境保护税是由排污费"费税平移"而来，1982年我国便基于污染者付费原则建立了排污收费制度，长期以来排污费的征收为我国污染防治发挥了积极作用，也建立了较为系统的排污费征管系统。现阶段，我国环境保护税的高效征管离不开对排污费征收经验的总结和借鉴。

（一）排污费到环境保护税的制度变迁

我国《环境保护法（试行）》于1979年出台，首次提出建立排污收费制度；1982年，《征收排污费暂行办法》由国务院发布，明确了排污收费的对象、程序和标准等。2003年为强化对排污费征收、使用的管理，

---

〔1〕 参见陈斌、邓力平：《环境保护税征管机制：新时代税收征管现代化的视角》，载《税务研究》2018年第2期。

推动排污费系统化征管，颁布《排污费征收使用管理条例》取代了《征收排污费暂行办法》，这表明我国排污费征收、使用、管理工作进入规范化的法治轨道。此后，原国家环境保护总局等相关部门先后颁布了《排污费征收标准管理办法》《排污费资金收缴使用管理办法》等配套制度，以确保《排污费征收使用管理条例》科学实施。直至 2018 年被环境保护税制度取代，排污费制度在我国实施达 36 年之久。

排污收费制度作为一项行政事业性收费，其征收依据主要是行政法规和行政规章，实践中各地方政府则需根据各地实际情况对排污收费标准进行调整；排污收费虽然有统一的制度法源，但其制度体系构成零散且不统一。以《环境保护法》为代表的各个单行污染防治法的文本中都涉及排污收费的规定，排污费制度虽然基本上形成了控制污染、激励环境保护与资源节约的政策目标导向，但从建设我国生态文明的战略目标，以及建立系统完善的环境保护税费体系的改革目标来衡量，环境保护收费制度仍然存在行政收费制度体系不完整、法律效力受限、执行力不强、收费收支管理不规范等一系列不足和问题。[1]

针对我国环境保护收费制度现状，为进一步解决环境污染问题，加强生态文明建设，贯彻落实新发展理念，党中央决定推进环境保护“费改税”工作，深化税收体制改革，将排污费改革为环境保护税。2013 年 11 月《中共中央关于全面深化改革若干重大问题的决定》提出，强化财税体制改革，积极推进环境保护费税改革。由此，我国环境保护税法制改革工作提上立法改革议程。

2014 年 6 月，中共中央政治局在其审议通过的《深化财税体制改革总体方案》中提出，建立环境保护税制度，促进税收发挥在治理污染和环境保护方面的职能。2015 年 6 月，国务院法制办公室发布《环境保护税法（征求意见稿）》，对计划开征的环境保护税的基本制度内容进行了公布。

---

〔1〕 参见秦天宝、胡邵峰：《排污费改环保税后到底有多“刚”?!》，载《中国生态文明》2016 年第 5 期。

2016 年 12 月 25 日，第十二届全国人民代表大会常务委员会第二十五次会议通过《环境保护税法》，明确这部绿色税法将于 2018 年 1 月 1 日施行。至此，环境保护税正式取代排污收费制度。为确保《环境保护税法》有效落实，国务院又着手制定《环境保护税法实施条例》，并于 2017 年 6 月公开征求意见。与此同时，国家还为环境保护税的征收工作做了一系列准备工作，如国家税务总局和原环境保护部就两部门的协作工作内容签署了《环境保护税征管协作机制备忘录》，以保证环境保护税征收工作顺利进行。当前，我国《环境保护税法》已经施行 4 年有余，环境保护税征收工作逐步推进展开，但因该税种是由排污费平移而来，原排污费制度存在的调整范围较窄、征收标准偏低等问题依然存在，且实践中由于该税种征管的特殊性需要生态环境主管部门密切协作配合，这无疑也加大了环境保护税的征收难度。

（二）排污费到环境保护税功能定位的发展

排污费是环境保护部门按照污染者向环境排放的污染物的种类、数量和浓度向其征收的费用，征收的对象主要是超过国家标准或者地方标准的污染物，调整的行为主要是超标排放行为，而不是所有的污染物排放行为。排污费制度是国家对排污费征收对象、征收主体、征收依据、征收范围以及征收程序的规定。据统计，在 1979 ~ 2002 年，全国征收的排污费总计 628 亿元，其中 374 亿元主要发放给 35 万多个单位用于治理污染，其中的 220 亿元主要用于加强环境监测能力、提升环境执法水平以及环境保护宣传教育，可见，该项收入资金绝大多数都用于治理污染和发展环境保护事业。排污费制度的设计理念是受益者负担理论，主要是“谁污染，谁治理”，具体而言，即是污染者付费原则。在该原则的约束下，企业在生产活动中除了要注意提高自身的经济效益之外，还要注意尽量不对社会总效益和生态效益造成不利影响，只有这样，企业的经济发展才不会与生态发展产生冲突和矛盾，我国经济才能与环境相协调，才能走可持续发展的道路。从短期效益来看，排污费制度虽会增加企业生产成本，加重企业经济负担，但从长远效益来看，排污费制度能够促使企业提高清洁生产的能力，优化企业自身产业结构，有助于提升企业的综合竞争力，对生态环境发挥综合保护作用。

排污费制度在实施期间的主要成效体现在筹集了环境治理资金、减少污染物的排放方面，还体现在基于征管所建立起的污染物排放监控体系，该体系在环境保护税的征收工作中也发挥着重要的支撑作用。排污费收入纳入地方财政预算，并列入环境保护专项资金，对重点污染治理、区域性污染防治以及国家重点污染防治项目等工作提供了资金支持。另外，由于污染者要为自己的污染行为付费，它们开始考虑污染成本，这在一定程度上减少了污染物的排放。为更好地落实排污费制度，国家加强了对环境污染行为的监控以及对排污费资金管理的监督。排污费制度运行中的经验为环境保护税的征收工作奠定了基础，存在的问题也为环境保护税制度优化提供了借鉴。

环境保护税作为我国第一个绿色税种，取代了在我国实施多年的排污费。环境保护税比较排污费，在功能实现方面有以下优势：首先，在可持续发展理念的主导下，环境保护税具有税收的间接调节功能，该税种将防范和治理环境污染作为根本目标。环境保护税制度也是遵循价值规律的税收制度，它把外部的非经济因素内部化，对可能导致生态和环境损害的行为实行征税。如果环境保护税的征税标准高于治理费用，则可以有效抑制环境恶化，改善环境质量。其次，环境保护税在有效避免污染转移方面发挥积极作用。[1] 一些外国企业通过转移污染产品来实现其对本国环境保护制度的规避。我国是制造业大国，在以前没有环境保护税制度时，部分外国企业将大量的污染密集型产业投资建立在我国，以此转嫁污染，对我国环境造成了严重危害。环境保护税的开征可以防范污染转移的问题。最后，环境保护税的税额以对环境的污染与破坏程度为衡量标准，因此其开征有助于产业结构的优化升级。纳税主体的应纳税额取

---

〔1〕 关暖华：《我国开征环境保护税的利弊分析》，载《财经界（学术版）》2013 年第 21 期。

决于其对环境的污染和破坏程度，该标准的设定有效遏制企业采用高污染低效益的生产方式，从而激励企业加大科技创新，促使企业转向低污染高效益的生产活动，间接推动环保产业和再生资源产业的发展。

环境保护税和排污费都是国家获取财政收入的形式，也有许多共性。其一，具有相同性质的征收主体，即政府部门；其二，在性质上都是财政性资金，在形式上也都是政府参与国民收入分配的方式之一；其三，环境保护税制度和排污费制度的实施，都是以国家行使政治权力进行社会管理为前提的，都具有一定的强制性，只是强制程度不同，而且其征收工作都需要依照一定的程序，在征收任何一种税收项目和收费项目之前，都需要经过报项、审批等程序。

但环境保护税制度与排污费制度相比，更有法律规制的优势。首先，环境保护税可以充分发挥准市场机制的调控功能，促使排污者基于经济成本的考虑在一定程度上自行控制排污行为，从而使规制成本更低、效率更高；其次，环境保护税的刚性更强、力度更大。[1] 人类的资源是有限的，人们参与社会活动、使用社会资源，如果不加以正确引导和控制，将会加快资源消耗速度，尤其是不可再生的环境资源。环境保护问题日益受到重视，单纯的污染后规制方式已经不能达到环保的目的，必须在污染行为产生之前就进行预防。尽管人们的环保意识在增强，整体素质在提高，但仅仅依靠人类自觉进行污染预防还是太过被动，而税收具有调节作用，法律具有指引作用，将二者结合起来，运用环境保护税法来处理污染防治的问题，能够有效解决排污费制度中执法刚性不足、强制性与规范性较差以及行政权力对排污费征管工作干预过多等问题，从而提升治污减排的工作质量和水平，对建设生态文明、促进经济发展产生积极影响。

（三）从行政收费到税收征收属性的变化

1. 税收及征收依据

税收是一种强制性的公共财政收入手段。政府通过征税参与社会产

---

〔1〕 参见何锦前：《价值视域下的环境保护税立法》，载《法学》2016 年第 8 期。

品分配与再分配,而社会产品的分配与再分配需要凭借一定的权力基础,国家征收税款凭借的是政治权力。也就是说,政府凭借国家的政治权力将原本属于私人的社会产品转移到社会公共领域,这就是税收的强制性。

税收征收的依据主要包括经济效率和行政效率两方面考量因素。经济效率主要考察征税活动对社会经济的影响度。政府通过征税强制性地征收私人产品的征收活动具有负效应,但将税收作为分配手段对社会经济的运行也可实现有效的积极调节,通过税收收支活动对社会的经济运行进行宏观上的调配,从而达到国家预期当中的社会经济目标或者其他的特定目的。税收调控作用的有效实现,需要依靠分配,因公共物品分配对象有数量多、范围广的特征,致使其影响会波及各种不同的社会经济活动,不仅影响社会再生产的总过程,也影响社会在生产中的各个具体环节及其内部结构,还影响受社会经济活动影响,但和该经济活动没有直接关系的各类社会行为。另外,税收对收入分配的作用,包括直接作用和间接作用,不仅体现为对收入形成产生影响,还体现为对收入的再分配产生影响;不仅对社会流动的财富进行再分配,还对静态的存量上的财富进行再分配。

税收的行政效率指对征税工作中的程序进行简化,从而降低征税过程中产生的各类成本。税收成本可以分为两类,即征税成本和纳税成本。降低征税成本,可以在保证征税工作正常开展的情况下,尽量简化征税的手续和其他征税程序,合理投入人力、物力、财力,在最大限度范围内节约办公物品的投入、避免办公人员的浪费。降低纳税成本,除了要考虑尽量降低纳税人在纳税过程中花费的物质成本以外,还要思考怎样降低时间和其他非物质成本;不仅要考虑纳税人如何更方便地缴纳税款,还要考虑纳税人的心理变化,如果纳税人产生了偷税漏税的想法,就可能加大税务机关的征税难度,从而在无形之中增加了税收成本。因此,想要提高税收征收效率,需要完善的税收管理体系加以保障,在后文环境保护税与排污费征收程序的对比中,我们同样会分析制度不完善对征税效率带来的负面影响。税收管理要求提高征税效率,提高征税效率又和降低税收成本密切相关,当征收制度不完善、征收程序不科学时,就会增加税收成本,降低征税效率；当税收管理能够简便有效地完成税收工作时，就会减少税收成本，促进经济协调发展，保证征税工作高效开展。

国家进行税收调控要依据税收法律法规，需要法律授权、依法征管，受到法律制度的约束，不能随意调控、朝令夕改，也即税收法定。一方面，税收调控依赖法律的强制性进行。各市场主体无论在主观上是否愿意接受这种调控分配，只要税法公布实施，都必须按照法律的规定来履行纳税义务。另一方面，法律规定使税收行为具有规范性。国家作为调控主体，要提前把税收调控的目标、方法、调控对象和范围以及调控实施时间等设计好，加强调控工作的可控制性，从而更好地根据社会管理和调控职责的需要来对国家经济进行宏观上的把控，引导我国社会经济活动朝着预定的方向运行。

2. 行政性收费及其征管依据

按照收费资金管理渠道对收费进行分类，行政收费可分为行政性收费、事业性收费与经营性收费。[1] 事业性收费是事业单位为居民和企事业单位提供不以营利为目的的服务性劳动所收取的费用。[2] 行政性收费指的是政府等公共部门为了供应准公共物品和服务或者政府等公共部门为了批准许可他人使用公共资源，从而依照法律规定向直接的受益主体收取的部分或全部补偿费用。行政性收费也是公共收入的一种形式。行政性收费从公共部门（主要指政府）的管理和服务中获取，又反过来用于保障公共部门的管理和服务，它作为国家主要的财政收入方式之一，有助于解决国家财政不足的问题，保证政府在从事社会管理和服务工作时有充足的经费支持。行政性收费在改善和发展社会公共事业方面、巩固强化社会公共管理方面，以及保证社会协调稳步发展等方面都发挥了异常重要的作用。行政性收费的主体是公共部门，其中既包括政府部门，又包括非政府的公共组织。从以上分析可以判断，我国实施已久的排污费属于行政性收费。

---

〔1〕 参见伍世安：《中国收费研究》，中国财政经济出版社 1997 年版，第 43～44 页。

〔2〕 参见何盛明主编：《财经大辞典》，中国财政经济出版社 1990 年版，第 649 页。

对行政性收费的内涵进行把握,先要明确行政性收费是政府等公共部门借助法律赋予的权力行使管理职能的行为。但是,它不具备普遍性,它的征收对象仅限于直接受益者,没有收益的人不交费,如收取排污费,实际上是向获取环境利益的人收费。这种收费形式在收费关系形成前不具备强制性,公民可以自愿选择是否从该项公共服务或物品中受益;但当收费关系形成,公民已经选择从中受益,它就有了强制力,无论公民是否愿意,都必须缴纳。行政性收费性质比税收灵活,但也具有相对的稳定性,确定之后的变动要小于其他类型的收费。行政性收费的目的在于提高公共物品、服务和公共资源的使用率,同时对准公共物品和服务的提供给予补偿性支持。由于公共资源具有非排他性,因此对利用公共资源者收费可避免浪费,提高公共资源的利用率。行政性收费在环境领域主要依据受益者负担原理,[1]受益者负担是指因为实施了开发利用环境资源或者排放污染物等行为而对生态环境造成了负面影响和危害的人,应当支付环境受损的相应费用,并且要对生态环境进行补偿,承担污染治理和恢复生态环境的责任。该理论能够调整环境破坏行为,给企业和个人制造环境保护压力,督促他们改变生产经营方式,积极治理污染,减少对环境资源的不适当开发,有利于实现环境资源的合理开发和可持续利用,从而保证经济社会绿色稳步发展。受益者负担理论包括"谁开发谁保护,谁破坏谁恢复,谁利用谁补偿,谁污染谁治理"四个方面的内容:"谁开发谁保护",是指企业和个人在开发利用自然资源的同时,要注意对自然资源的保护,不能随意开采;"谁破坏谁恢复",是指对环境造成破坏的单位和个人有责任和义务修复生态环境,不能在破坏之后放任不管,任由环境恶化;"谁利用谁补偿",是指开发利用自然资源或是获得生态环境效益的主体负有生态补偿的义务,应当采取恢复或治理等措施弥补生态环境和自然资源以及运用经济等手段补偿生态效益的提供者和自然资源的所有

---

〔1〕 参见贾小雷:《论我国行政事业性收费清理的法治化》,载《中国矿业大学学报(社会科学版)》2017 年第 5 期。

者;“谁污染谁治理”,是指对环境造成污染者,即便没有利用环境进行经济活动,也要承担起治理污染的责任。上述四个方面的开发者、破坏者、利用者、污染者通常不去划分明确的界限,因为他们都是凭借外力对环境造成影响的,很多时候在身份上会有重合。但是,如果能依照环境受影响程度对他们加以区分,再通过细化不同身份的环境影响者应当承担哪种具体责任,就能够分类别指引他们避免实施开发利用过程中的一些有害行为,从而降低对环境的损害。

3. 行政性收费与税收的比较

对比税收与行政性收费,可以发现两者主要有以下几个方面的区别:第一,征收目的不同。行政性收费是公共部门在管理社会经济活动时进行特定管理或提供特定的公共产品和服务而实施的,其目的在于满足社会准公共需求;税收是政府为了筹集提供一般公共产品和服务时所需要的资金而设立的,这笔资金也要维持政府自身的存在以及稳定运行,其目的在于满足社会纯公共需求。第二,征收范围不同。行政性收费征收范围具有一定的局限性,它主要针对特定管理对象和消费准公共物品和服务的行为征收;而税收则具有普遍性,它依据法律的相关规定对全国范围内符合纳税标准的主体进行征收,正是因为这样,政府在筹集所需资金时,税收的征收范围比行政性收费的征收范围更广。第三,特征不同。行政性收费的特征包括直接受益和自愿有偿,由于它在适用范围上有很大局限性,因此它只能作为财政收入的补充形式;税收是政府财政收入的主要来源,是财政收入形式中最规范和稳定的一种。第四,立法层次不同。行政性收费的立法层次较低,采用部门规章或者地方性法规等形式,所以它易于变动,在范围、标准和时间等方面表现出较大的灵活性,其优势在于能够随着快速发展的社会经济活动及时调整;而税收的立法层次较高,一般采用国家正式立法的形式,由立法机关制定法律,在全国强制实行,因此它普遍课征、影响广泛,[1]但是由于稳定性强、制度修改程序复杂,

---

〔1〕 参见李岩:《“费改税”问题研究》,东北林业大学2004年博士学位论文,第12~16页。

税收不能随意变动。

行政性收费与税收作为政府财政收入的两种不同形式,在帮助政府实现财政管理方面都功不可没。两者分属于不同的财政手段,本质上也有区别,至于哪种方式更有优势,还要根据实际情况来判断。就排污费与环境保护税而言,排污费征管方式灵活、易于变通,有利于政府及时依据实际情况进行调整,但是容易滋生腐败,为权力寻租提供条件,进而侵害公民权益,更有违保护环境这一初衷;而依据税收法定原则,环境保护税收较之于排污费更为稳定,征管程序皆有法可依,人为操控因素大大削减,更符合当前依法治国和环境保护的主旋律。当然,有利则有弊,税收的弱势在于不易变通,尤其是在现今市场经济高速发展的时代,很多情况难以预料,各个税种的相关法律制度能否将所有情况全然囊括是一个值得考虑的现实问题。总的来说,排污费改为环境保护税后更加规范,是税费改革的一大成果,但是在征收方面还有不足,环境保护税的征收工作反而不如排污费征收工作效率高,究其原因,还是在于环境保护税征收制度还不够完善。

二、环境保护税与排污费征收主体之比较

(一)排污费的征收主体

1979 年《环境保护法》的颁布标志着我国排污费制度的建立,1982 年国务院发布的《征收排污费暂行办法》规定了排污单位应当向环境保护部门进行申报、登记,在环境保护部门对这些信息核定之后,将核定结果作为排污费的征收依据;还规定污染者要根据环境保护部门开具的缴费通知单到指定银行自行缴费,也就是说,排污费征收核定工作主要由环境保护部门承担,银行主要是代理收款的主体。长期以来,排污费作为一项行政性收费,是否征收、如何征收,都由环境保护部门单方面做决定。因此,此征收模式无论是在制度设计,还是在实践层面都暴露出许多弊端。例如,收费范围窄、费率低、收费标准不科学、排污费的用途不合理、排污费的征收方式有问题、实践中存在人情收费和协议收费现象等。而这些弊端不仅直接导致排污费征管公平性饱受争议,还导致部分地方排污收费

减轻污染的功能未能有效发挥。

立足当时现实性问题,国家不断推进排污收费制度的完善进程。为规范排污费的征收和使用,2003 年国务院发布了《排污费征收使用管理条例》,随之又出台了众多配套规章和地方性法规。例如,2003 年发布的《排污费征收标准管理办法》,对污水和废气排污费、固体废物及危险废物排污费以及噪声超标排污费的征收标准和计算方法做了更加细致的规定。同年 3 月,《排污费资金收缴使用管理办法》发布,主要针对排污费的资金收缴问题、使用问题以及管理问题作出了具体说明。同年 4 月,国家环境保护总局又发布《关于排污费征收核定有关工作的通知》,对排污费的征收核定工作提出了具体要求,规范了其具体的操作程序。同时,随着国家对环境保护工作的持续重视,围绕排污费征管的部门和地方文件也不断丰富,环境保护部门的权力内容也逐渐清晰,排污费收入管理也日趋科学规范,其征管与环境保护部门利益也趋分离,排污费制度体系逐步规范和完善。

(二)环境保护税的征收主体

我国广义上的征税机关主要有三类,一是征收关税的海关,二是征收契税等的财政机关,三是征税范围最广的狭义上的税务机关。在 2018 年 6 月之前,税务机关分为国税部门和地税部门,之后国税部门与地税部门统一挂牌合并,实行以国家税务总局与人民政府双重领导的管理体制。根据《环境保护税法》第 14 条第 1 款的规定,[1] 环境保护税的征收主体应为税务机关。无论是就体制划分层面而言,还是就税收征收管理体系层面来看,环境保护税作为我国新开税种由税务机关负责征收都是符合税收征管体例科学合理的安排。这是因为,环境保护税是由排污费改革而来,它的征税对象主要是国内的污染物排放企业。而财政机关的职能定位就不是征税主体,海关的征税对象主要与进出口相关。由此可知,财

[1] 《环境保护税法》第 14 条第 1 款规定:“环境保护税由税务机关依照《中华人民共和国税收征收管理法》和本法的有关规定征收管理。”

政机关和海关都不符合环境保护税征税条件。如果将环境保护税的征收划入财政机关与海关的工作范畴,就须为其建立一个独特的征收运行机制来支持税收征管工作的进行,并且要求它们两者熟悉这一新机制,成本太高,有悖于税收效率原则与税收成本原则。因此,财政机关与海关都不适合作为环境保护税的征收主体。而环境保护税的征税对象、申报缴纳程序、税务稽查等工作与普通税务的征收符合,环境保护税的征管可以融入普通税务的征收工作中,两者基本上可以使用同一套税务工作运行机制,环境保护税的征收体系因而能够高效快捷地构建。

在环境保护税的征收中,除了将征收部门确定为税务机关之外,最突出的特点之一是加入了对协作机制的要求。《环境保护税法》第 14 条〔1〕确立了生态环境主管部门作为环境保护税协作征管部门的定位。在生态环境主管部门作为协作部门的定位的基础之上,《环境保护税法》创立“企业申报、税务征收、环保监测、信息共享”的征管模式。这种思路与传统的“单一税收”概念并不一致,但更符合环境保护税的本质。〔2〕 环境保护税作为绿色税种,不以财政收入为主要目标,而以环境保护为主导方向。《环境保护税法》创设的计税依据规则也非单纯的会计核算的基准惯例,而是环境技术要求较高的污染排放量、污染当量和分贝数。其计税依据的环境技术特点突出,嵌入了物料衡算、排污系数、抽样检测、自动监控等大量辅助计量手段。技术层面的要求正是税务机关的短板,却是生态环境主管部门所擅长的。而税务机关在信息管税、依法治税、纳税服务、税务稽查等过程中积累了丰富的税务管理经验。〔3〕 可见,两部门有必要

〔1〕《环境保护税法》第 14 条第 2 款、第 3 款规定:“生态环境主管部门依照本法和有关环境保护法律法规的规定负责对污染物的监测管理。县级以上地方人民政府应当建立税务机关、生态环境主管部门和其他相关单位分工协作工作机制,加强环境保护税征收管理,保障税款及时足额入库。”

〔2〕 参见叶金育、褚睿刚:《环境税立法目的:从形式诉求到实质要义》,载《法律科学》2017 年第 1 期。

〔3〕 参见唐晓鹰、陈金方、高怡:《环境保护税征管之我见》,载《税务研究》2015 年第 11 期。

合作,生态环境主管部门必须作为协作部门发挥重要作用。立法高度重视这一征管模式,生态环境主管部门在《环境保护税法》中被提及 13 次,在与之相应的《环境保护税法实施条例》中出现了 14 次。在协作制度之下,生态环境主管部门和税务机关若能够充分发挥各自优势,以环境保护税的有效征收为共同目标,环境保护税的征管成就本就可以大大降低,税收征管效率定能大幅提高。这一协作征管理想局面的实现,也是单行税种法融入协作机制进行征管制度创新的重要目标之一。

三、费改税征收程序之比较

由于环境保护税与排污费在法律属性、征收主体和征收制度上存在根本差异,二者的征收程序迥异。环境保护税与排污费征收程序的主要差异集中在申报缴纳程序、核定及复核程序方面。

(一)环境保护税与排污费申报缴纳程序之比较

1. 环境保护税的申报缴纳

依照《环境保护税法》的规定,环境保护税一般情况下按季申报缴纳,对于不能按照固定的期限计算应纳税额的,可以按次申报缴纳。《环境保护税法》第 18 条规定,在申报缴纳程序中,纳税人要向税务机关报送相关数据,其中包括污染物的种类、数量以及大气和水资源的污染浓度值。但现实情况是,税务机关接收了这些申报数据信息后,碍于专业性不足,很难从中识别出问题,尤其对申报材料的真实性无从判断。实践中,税务机关多是通过比对之前的数据笼统判断是否存在较大差异和问题。由于判断申报数据的真实性对于税务机关而言是一大难题,《环境保护税法》第 19 条又规定,纳税人对申报的真实性和完整性承担责任。纳税人的申报缴纳期限均规定为 15 日,根据实际情况不同,起算日期也不同。对于按季申报缴纳的,自季度终了之日起算;对于按次申报缴纳的,自纳税义务发生之日,即纳税人排放应税污染物之日起算。"金税四期"税收管理系统的启动与运用,促使纳税人采用无纸化申报缴纳方式。该系统分别有纳税人端口和税务机关端口,纳税人在其端口填入自己的账号密码即可申报缴纳税款。此种方法与之前排污费的申报方法相比，不仅便利了纳税人，还有利于税务机关高效开展工作。在税务机关的内网系统中，纳税人的行业信息、计税依据、课税数量以及实缴金额等信息都详细清楚，实现了信息融通，为接下来的税收核定工作提供了极大的便利。

2. 排污费的申报缴纳

排污费包括废气排污费、污水排污费、污水超标排污费、工业固体废物或者危险废物排污费以及超标准噪声排污费。[1] 排污费制度主要依据相关规定对直接向环境排放污染物的单位和私人企业主进行收费。根据《排污费征收使用管理条例》的规定，排污单位应当向环保部门申报污染物的相关资料，在接到环保部门发送的排污费缴纳通知单之后的 7 日内须到指定的商业银行缴纳费款。排污费作为一种被动性的财政收入，其产生依据是环保部门开具的缴费通知单。缴费通知单开具之后，排污者应自行到商业银行缴纳罚款。在实际情况中，一些地方的部分排污者拖缴少缴。商业银行作为排污费代收机构，并不具有催收的义务。这一任务又落到了环境保护部门身上，实际征收过程中有大量环境保护部门上门催收排污费，因此排污费的征收在缴纳环节上容易发生问题。对比《征收排污费暂行办法》与《排污费征收使用管理条例》，后者加重了对逾期拒不缴纳情况的处罚力度，由原本每天千分之一的滞纳金变更为应缴数额 1 倍以上 3 倍以下的处罚金额。排污费制度对于环境保护原本就具有滞后性，只能在污染行为发生之后发挥作用，再加上实施过程中存在许多逾期不缴、以欺骗手段少缴免缴的情况，使其原本想要产生的环境保护效果更加不理想。而且由于社会发展的差异，排污费制定时的收费标准已经不能满足环境发展需要，治理污染所花费的成本远远高于排污费的征收资金，因此达不到环境保护的目的。按照价格反映价值的市场规律，环境资源的价值并不能在这种低标准的价格上反映出来，因此无法使经

---

〔1〕 参见陈少英：《建立与完善我国生态补偿的财税法律机制》，载《安徽大学法律评论》2010 年第 1 期。

济手段真正发挥作用,以致排污费成为象征性的收费。

(二)环境保护税与排污费核定及复核程序之比较

1.环境保护税的核定与复核

环境保护税与其他税种相比,其征收工作更具复杂性,其复杂性不仅体现在征收模式上,还体现在征收程序上。以法律制度的相关规定为例,《环境保护税法》的具体规定仅有28条,后面的附表却有6个。这些附表一方面可以对环境保护税法律制度起到补充作用,另一方面可以对环境保护税的征收工作起到指导作用,而附表中各类征税对象明确的指标则是需要通过系统监测和测算。环境保护税征管方面最突出的特点,即在于征管程序需要税务机关与生态环境主管部门深度协作。税务机关在具体的征管程序中,税额准确严谨的确定离不开生态环境主管部门对污染企业纳税人申报信息的高效审核,二者的程序关联性非常强。按照《环境保护税法》的规定,税务机关在环境保护税征收流程中应当处于核心地位,生态环境主管部门则发挥协助性功能。具体而言,环境保护税的核定与复核程序概括如下:首先由纳税人在季度终了后的15日内向税务机关进行纳税申报;其次,税务机关根据纳税人的申报资料与上一季度的数据资料进行比对,在信息确定无误的情况下可以正常缴纳税款。但是在出现数据异常或者申报不符合规定的情况下,税务机关需要向生态环境主管部门提请复核,并要求生态环境主管部门在规定期限内出具复核意见。最后,税务机关根据生态环境主管部门的意见来对环境保护税的纳税金额进行调整,并对纳税人发出补缴税款等具体要求和通知。

环境保护税征管对于污染物的监测工作要求极高,其计税依据是污染物的排放量、污染当量以及分贝数,其专业性特点也主要体现在对应税污染物排放量的监测方面。排污费改税之后,主要的征收工作由生态环境主管部门转移给了税务机关,但是税务机关之前并未参与污染物监测体系的构建,对污染物的监测工作并不具备技术条件和能力,也不熟悉相关污染监测工作流程,主客观方面都不具备准确核定纳税人污染物排放量的条件。生态环境主管部门凭借多年排污费征管和环境管理的经验积累，有着丰富而专业的污染物监测基础和条件。因此，税务机关在环境保护税征管方面对生态环境主管部门具有高度的依赖性，需要其深度配合才能高质量完成该税种的征管工作。

2. 排污费的核定与复核

排污费长期以来都是由环保部门负责实施征管工作，不涉及交叉合作的问题，其征收过程相比环境保护税而言则相对简单，其税额核定与复核程序主要包括以下几个方面的工作：首先，由排污者就所排污染物的种类、数量以及其他资料向环保部门进行申报登记；其次，环保部门对以上资料进行核定；再次，环保部门根据核定的结果通知排污者缴纳排污费；最后，如果排污者无异议则直接缴纳排污费，如果有异议则提请环保部门复核。在没有异议的情况下，排污者必须依照规定及时足额缴纳排污费，否则环保部门可以对其实施行政处罚。

从排污费征管程序的梳理中可知，环保部门对污染物数据进行核定，如果排污者申请复核，再由环保部门复核，无问题则下发排污复核决定书。环保部门即便工作中发现错误需要再次核定，由于对评估对象熟悉以及对污染种类、污染数量有着专业的掌握，也能够及时纠正。由此可见，环保部门在环保工作专业性上有着其他部门无法比拟的优势。将这一优势应用于环境保护税的征收工作，能够大大提高环境保护税征管工作的质量。充分发挥不同部门的职能特点和优势，是环境保护税法制定部门协作机制的重要考虑。

四、比较评析

环境保护税和排污费的差异性，主要体现在行政性收费与税收的属性、管理的科学化及税费收支管理方面。

（一）税费属性不同

将属于税收范畴的环境保护税与属于行政性收费的排污费进行比较，其实质在于区分税收和规费的差异性。从理论上讲，税收是指国家利用自己的政治力量，通过法律手段，强制、无偿地分配财产；行政性收费是指政府或具有行政功能的机构根据行政法规而对享受特殊公共服务的单位或个人征收的费用。所以,尽管税收和行政性收费都是国家财政收入的一种重要形式,但是二者有本质性差异。

1. 征收目的

征税的目的是弥补政府在执行任务时所产生的开支,或是达到某一目标。而行政性收费,则是弥补政府单位对特殊群体的公共服务支出,其费用越高,则收费越高。环境保护税作为绿色税种,它的作用在于达到减排目标,促进经济结构调整,加快经济发展。环境保护税的征收是为了解决污染问题,也是为了保护环境,没有偏离目标。只要环境保护税的实施得当,对资源、环境不利的行为、产品势必会减少,对社会的可持续发展也是有益的。排污费征收目的则逐步偏离了环境保护的目标。从《征收排污费暂行办法》的规定可知,排污收费用于治理环境污染,通过收费方式以获取筹资,在获取资金的基础上,开展环境保护和治理工作。排污收费一方面希望通过收费影响污染企业排污行为,另一方面又需要获取更多收费支撑环境污染的治理工作。而环境法的基本目标是促进生产企业降低污染、保护环境,实现经济效益、社会效益和环境效益三者的综合提升。环境保护税法的根本目的并不是要获取更多的财政收入,而是要尽可能地发挥税收对环境保护的调节效能,更接近环境法调节目标。

2. 征收性质

税收最大特征在于它的强制性、无偿性,对比而言,行政性收费则显然缺少执行的强制力。行政性收费征收过程中,征管部门有较大的自由量度空间,存在征管刚性不足、执行标准不一等现象。实践中具体表现为:若为某一特定的公务活动而征收的行政规费,政府机关当然有义务通知缴款者其所需的费用及所提供的服务数目(计费依据)。也就是说,收费的证明是由政府部门承担的,并且必须得到付款人的同意,就像卖方必须告诉买方货物的价格和销售的数量。征税与之不同,纳税是纳税人的法定义务,纳税人有义务如实申报应税事项(计税基础或有关的信息),因此,其计税依据的证明责任应由纳税人承担。纳税人未如实申报,税务机关有权追讨并予以惩罚。所以,在税务征管的一般程序中,可以根据纳税人的申报信息，预先假设其申报是真实的，而在税务征管法规定的追溯期间，则可以对其真实性进行审查和核查。这样既能保证税收的效率，又能有效地减少税收负担，有效地控制税收。排污费则是按照行政规费来征收，导致收费证明责任的颠倒，也带来一系列的行政问题。由于不能真实地进行排污费的核定和征缴，其征收常常成为一种“协议”式的征收，削弱了排污费征管的严肃性，增加了排污费征收的执法难度。在此背景下，若要逐步提高排污收费标准，改变排污收费标准较低的状况，会使排污单位申报的真实性缺乏法律上的制约，进而助长虚假申报，形成一个恶性循环。

3. 征收依据

从税收和行政性收费的界定可以看出，税收是按法律规定征收，而行政性收费则是依据行政法规来征收。从排污收费向环境保护税过渡，实现了行政设定到税收法定的回归。《环境保护税法》是全国人大以法律形式颁布的强制性征收的税种法；而《排污费征收使用管理条例》则是国务院颁布的行政法规。就效力等级而言，《环境保护税法》效力更高，征收规范性也更强。《排污费征收使用管理条例》对排污收费进行了基本的制度规制，其第 11 条则赋予国务院和地方各级政府机关制定国家和地方排污费征收标准的权力，因此，我国的排污收费制度体系是由国务院及地方政府制定的行政法规和规章构成的。

（二）征收主体不同

我国的排污收费制度实施三十余年，环境保护主管部门始终是主要征管主体，全程参与了排污费的征管工作。环境保护主管部门作为排污费的征收单位，在环境管理过程中相对完整地掌握和了解污染企业的生产与排污状况及发展规律等，在数十年征管过程中参与了排污费相关的政策制订并积累了丰富的征管经验。依据《环境保护税法》的规定，税务机关为环境保护税征收主体，将生态环境主管部门作为环境保护税的协作征管部门，这种创新的税收管理方式与传统的单一征收方式有很大的区别，但基于环境保护税的征管特性，这种制度安排符合环境保护税的现实要求。从征收环节来看，由排污费到环境保护税，最为突出的改变即是征收主体的变化。费改税的过程实现了征管由生态环境主管部门到税务机关的转变,生态环境主管部门也由征收主体转变为协助征收主体。

(三)征收管理规范化不同

从管理科学规范化视角来看,排污费向环境保护税的变革从根本上解决了排污费自征自用、自收自支,以及制度设置与环境保护目的背离的问题;从实质层面看,环境保护税的征收凸显了征管的强制力,制度设计由粗放到精细,克服了排污费费率偏低并且征管乏力的问题;而从形式上看,由排污费到环境保护税,法律规范逐渐体系化,更利于实现生态环境保护的规范化。

第一,排污费向环境保护税的转变,实现了控制排污行为以及环境保护目标的回归。排污费制度由环境管理部门代表环境资源的所有权和管理权主体,对污染者征收污染防治费用,其初始目的是对排污行为进行控制从而实现环境保护。《征收排污费暂行办法》中就该项排污费的用途做了明确规定,"作为环境保护补助资金,按专项资金管理,不参与体制分成"。实践中,环境保护部门既是排污费征管部门也是环境保护管理部门,主要参与该项费用的支出管理,在此征收和管理模式下,环境保护部门实际上始终主导该项费用收支过程。这就使排污收费陷入了征管悖论,排污收取的费用是作为防治污染资金的,自然是期待筹集更多的资金,这样才能更好地为保护环境提供较为充裕的资金保障。然而,排污收入的增加势必使污染企业向环境排放更多超标污染物,其环境破坏性更强。反之,排污收费越低,则环保工作越好,越接近目标。这样一来,就形成了一个恶性循环。环境保护主管部门一方面希望能达到征收排污费的环境目的,另一方面又希望通过征收排污费来支持自身的环境治理工作。显然,排污收费收支管理设置不合理,其运行过程又缺少法律的规范监督,实践中导致资金被挤占、挪用,与之相随的权力寻租、腐败等问题在排污费征管领域越来越突出,从而影响环境保护资金的正常管理。实施环境保护税费改革,即是为解决这一突出问题。环境保护税由税务机关负责征收,环境保护主管部门则是协作征管,税收收入纳入预算管理,用于环境保护、污染防治、污染治理和技术创新等，这样收支管理体系便能促进环境法规制污染行为、保护环境目标的达致。

第二，从行政法规到法律法规的制度设计更具科学性。首先，从征管标准来看，排污费常常比污染企业的排污治理支出低，因而难以取得良好的环境治理效果；而环境保护税则根据庇古税的原理，从污染的外部性成本确定税负，使环境保护税税额与污染企业环境平均治理成本相当，以达到促使企业进行污染自我调控，主动治理将外部性成本内部化的调节目标。在税率的设定上，我国采取了从价税、差别税率、定额税等不同的税率，使之更为公平、合理；同时，对不同的污染物采用差别征税标准，以达到最大的激励效果。其次，《环境保护税法》在排污收费标准规定的下限基础上，增设了上限。这种制度安排在充分考虑当地实际情况的基础上，遵循了税收法定原则。各省份可根据规定，选择不同的适用税率。与原来的排污收费相比，它规定大气污染物、水污染物的征收排污费标准为不低于 1.2 元、1.4 元；同时，政府也鼓励各地提高收费标准，但并未设定最高限额。在实际操作中，一些地区根据自身的实际情况，在环境保护法的框架下提高收费标准。另外，与排污费相比，环境保护税的实施可以提高公司的减免档次，从而增强企业减少污染的积极性。排污费制度中，仅有一项减免措施，即排污者所排放的空气或水污染物的浓度低于法定标准的 50%，减半征收排污费。为了促进企业降低污染，《环境保护税法》第 13 条在承继原有收费减免措施的基础上增设了一档减排税收减免。由此可知，环境保护税制度设计在维护税收法定原则的同时，在调节污染行为"负外部性"方面也发挥了积极作用。

第三，从排污费到环境保护税，逐步形成法规体系，更利于环境保护税的征收管理。排污费制度采用的是分散立法模式，1979 年颁布的《环境保护法(试行)》提出要建立排污收费制度，是排污费制度体系的法源起点。1982 年《征收排污费暂行办法》标志着排污收费制度的正式建立。2003 年《排污费征收使用管理条例》颁布实施后，相继出台了《排污费征收标准管理办法》《排污费资金收缴使用管理办法》等相关法规。由此，形成了以行政法规和行政规章为基础主线，分散于法律与各类部门规章、地方性法规与其他规范性文件的排污费制度体系。排污费分散立法状况虽形成了不同侧重的制度规范体系，但对排污费制度的科学统一征管造成一定的消极影响。这种零散的立法规定很容易造成执法上的混乱。比如，关于“污染物排放的主体”，各个规范都有不同的表述，导致所指向的目标不同。《环境保护法》第 43 条规定，“排放污染物的企业事业单位和其他生产经营者，应当按照国家有关规定缴纳排污费”。而《排污费征收使用管理条例》第 2 条规定，直接向环境排放污染物的单位和个体工商户，应当依照本条例的规定缴纳排污费。它们在主体问题上的表达存在分歧，《环境保护法》没有将“直接”排放污染物作为征税的先决条件。《海洋环境保护法》第 11 条则规定，“直接向海洋排放污染物的单位和个人，必须按照国家规定缴纳排污费。……向海洋倾倒废弃物，必须按照国家规定缴纳倾倒费……”在这里，“生产经营”并不作为先决条件，而且将主体表述为“单位和个人”。另外，《环境噪声污染防治法》第 16 条规定：“产生环境噪声污染的单位，应当采取措施进行治理，并按照国家规定缴纳超标准排污费……”这部法律，其实对个人或者个体工商户进行了除外处理。《大气污染防治法》则干脆回避了对缴费主体的直接规定，而直接适用《排污费征收使用管理条例》。上述立法格局，在实践中对执法者的理解和执行都造成了不利的影响和限制。

而环境保护税制的建立，则在一定程度上解决了这一问题和矛盾，通过立法的方式来规范纳税主体。《环境保护税法》第 2 条[1]明确规定环境保护税的征税对象，该条对原排污收费制度中的不同表述进行了统一。我国的环境保护税体系在《环境保护税法》和《税收征收管理法》等相关法律法规的基础上建立起来，规定明确而统一，有效地防止了各种规则的冲

---

〔1〕《环境保护税法》第 2 条规定：“在中华人民共和国领域和中华人民共和国管辖的其他海域，直接向环境排放应税污染物的企业事业单位和其他生产经营者为环境保护税的纳税人，应当依照本法规定缴纳环境保护税。”

突,消除了认识上的隔阂,对执法起到了积极的促进作用。

(四)税费收支管理不同

从排污费到环境保护税,资金管理实现了由地方财政收支到纳入统一财政预算的转变。我国过去对排污收费的定义是一种行政性收费,但其本质上带有税收性质,属于"准目的税"。尽管排污费具有目的税的性质,但其征管仍然是以行政性收费为载体。由于排污收费有标准低、范围有限、权力失范等不足,排污收费所具有的税之调节特定目的发生位移,成为地方政府汲取财政收入的行政手段,而并非一种地方治理环境的经济调节工具。[1] 与之对应的环境保护税,属于特定目的税范畴,即该部分税收进入国库之后,会用于特定项目的开支,[2] 目前环境保护税收入大部分分配给地方,作为地方收入。环境保护税的特定目的税属性决定了地方所取得的环境保护税收多数用于环境保护和污染治理。在我国,将环境保护税认定为特定目的税,不仅契合我国环境税费改革的初衷,也可以将税收收入纳入国家统一的财政预算之中,使资金的管理更加科学合理。

---

〔1〕 参见侯卓:《论环保税专项支出的地方预算法治改进》,载《中国地质大学学报(社会科学版)》2019 年第 1 期。

〔2〕 参见刘剑文、熊伟:《税法基础理论》,北京大学出版社 2004 年版,第 20 页。

第三章　环境保护税征管程序

税收征收是单向活动,主要是税务机关向被纳税主体实施税款征缴,关注的是税款的收取过程。税收征管则包括征收和管理两个环节,是税收的征和纳双向全流程活动,是相对广泛的概念,不仅包括税款的征收,还涵盖税务登记、账簿凭证管理、纳税申报、税收稽查等与税收相关的所有管理活动。

一、环境保护税征管程序的特殊性

(一)环境保护税征管流程

基于环境保护税征管对象及核算的特殊性,需要生态环境主管部门协作配合税务机关才能完成环境保护税的征管工作。在环境保护税的征管流程中,税务机关是税收征管机构,处于主导地位,生态环境主管部门则主要负责税额核定等相关的业务配合工作。环境保护税的征管流程由纳税人申报发起,具体流程如图3－1所示。

环境保护税征管基本流程可以归纳为:第一步,纳税人在每季度结束后的15日内依照《环境保护税法》规定向税务机关申报纳税。第二步,税务机关根据纳税人报送的环境保护税申报资料与涉税信息共享平台中的数据进行比对;若数据信息正常,则按规定正常归档、缴纳税款；若出现数据异常或纳税人不按规定申报，则由税务机关向生态环境主管部门提请资料复核，由生态环境主管部门在规定时间内出具复核意见。第三步，税务机关根据生态环境主管部门出具的意见进行环境保护税税额调整，并要求纳税人补缴税款。在环境保护税征管程序中，纳税人申报是征收程序的基础。只有在纳税人主动提交和申报材料后，征收部门才能启动环境保护税的征管工作；而税额确认是征收程序的核心，无论是税务机关还是生态环境主管部门，一系列的征收工作都是围绕应缴税额进行的；部门协作则是征收程序的保障，没有两个部门的协作配合，征收工作就无法顺利开展。因此，下文也将围绕这三个主要环节进行讨论：纳税人申报程序、税额确认程序、部门协作程序。

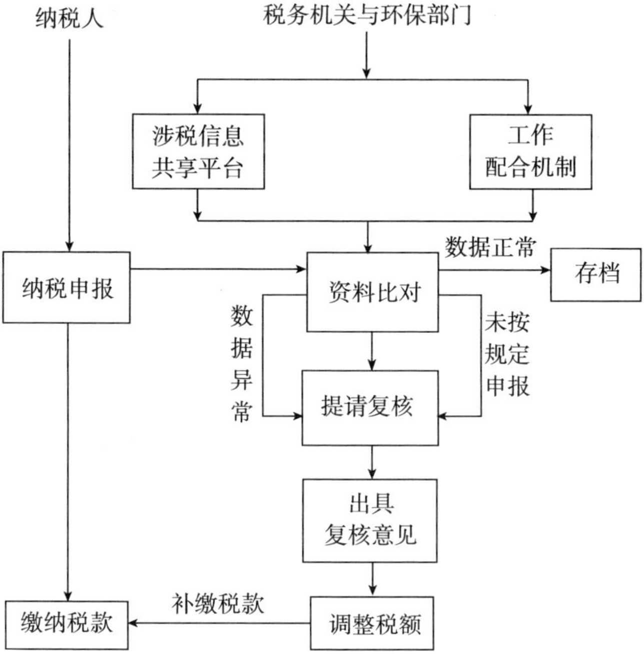

图 3－1　环境保护税征管流程

（资料来源：梁坤：《环境保护税征管管理问题研究》，安徽财经大学 2018 年硕士学位论文，第 12 页。）

环境保护税征管同一般税种的征管有共性的一面。例如,在程序上,都有纳税人识别、纳税鉴定的纳税登记程序、申报程序,与监测信息比对、复核、调整税额的税额确认程序,违法调查程序和法律救济程序等。相对于其他税种的征收而言,环境保护税征管又有其特殊性,例如,税务机关的征管过程深度依赖生态环境主管部门的协作与配合,具体体现在征收程序中的协作环节。

(二)纳税申报的主动性

环境保护税征管过程中纳税申报的主动性,是相对于排污收费阶段的被动性而言的。[1] 在排污收费阶段,先是生态环境主管部门对污染物进行核定,然后向缴费企业发出缴费通知,排污企业再按照通知缴纳费用。其具体程序如下:生态环境主管部门核定排污费后,将排污费通知书发给需缴费的生产企业,由其根据该通知所规定的数额缴纳排污费。环境保护税征管程序制度的设计,则使排污者实现了从被动缴纳排污费到主动申报环境保护税的转变。

(三)可复核性

为保证纳税人申报数据的真实性,环境保护税的征管制度要求税务机关对纳税人申报的纳税数据进行审核,针对异常的纳税数据进行复核。依照《环境保护税法》的规定[2],在进行信息比对时,若发现所传送的信息中并无税务征管系统中对应的污染物种类与数量信息,或者纳税人提供的申报资料无合理原因出现明显偏低情况的,以及纳税人未按规定时限完成纳税申报,税务机关可以向生态环境主管部门提交有关资料申请复核。

---

〔1〕 参见戴芳、胡娇:《论我国环境保护税征管措施的优化》,载《税收经济研究》2018年第4期。

〔2〕《环境保护税法》第20条规定:“税务机关应当将纳税人的纳税申报数据资料与生态环境主管部门交送的相关数据资料进行比对。税务机关发现纳税人的纳税申报数据资料异常或者纳税人未按照规定期限办理纳税申报的,可以提请生态环境主管部门进行复核,生态环境主管部门应当自收到税务机关的数据资料之日起十五日内向税务机关出具复核意见。税务机关应当按照生态环境主管部门复核的数据资料调整纳税人的应纳税额。”

(四)部门协同性

企业申报、税务征收、环保协同、信息共享的税收征管方式充分反映了环境保护税征管的协同效应。《环境保护税法》明确规定,税务机关与生态环境主管部门应建立信息共享平台和工作配合机制,为部门协同征收环境保护税提供制度保障。

环境保护税的征管不同于其他税种,其他税种在现代会计学框架范围内,以企业的会计账簿为基础,即可计算应纳税所得。而环境保护税的应税污染物主要是大气污染物、固体废物、水污染物和噪声等,其监测和计算都具有较强的技术性和专业性。[1] 因此对于不具有环境保护相关知识的税务机关和税务工作人员而言,应税污染物的测量和应纳税额的计算是一项极具挑战性的工作,立足当前工作条件和基础较难独立完成。生态环境主管部门不仅具备完善的监测体系,也通过多年的排污费征管工作积累了丰富的计费经验,正好可协助税务机关进行污染物监测。环境保护税在征管计税依据方面需要专业的环保条件和技术支撑,一方面,税务机关基于单个税种重新建构一套环境保护税征税对象污染物检测体系,无论是从经济成本还是现实可行性而言,都难以实现;另一方面,生态环境主管部门的职责定位就涵括了污染检测职能,且对于污染物计算具备丰富经验,这也就决定了环境保护税征管由税务机关与生态环境主管部门的配合协作不仅是效率最优,也是现实的必然选择。

二、环境保护税的纳税人申报程序

(一)纳税人申报程序的地位及意义

环境保护税实行“企业申报、税务征收、环保协同、信息共享”的征管模式。这一模式的设置充分反映了纳税申报程序在环境保护税征管中的重要意义。纳税人申报作为环境保护税征管程序的开端,只有在纳税人主动进行资料提交和申报的基础上,税务机关才能开展环境保护税的征

---

〔1〕 参见戴芳、胡娇:《论我国环境保护税征管措施的优化》,载《税收经济研究》2018年第4期。

管工作。纳税申报是一种传统的纳税人纳税计算方法。原则上,税务机关根据纳税人的申报额来确定其应纳税额;如果出现纳税人在规定时限内申报不实或不报的情况,税务机关则以核定的方式介入,最后由税务机关确定应纳税额。这也被称为“自我课赋”。[1] 纳税人申报程序的实施,一方面增强了纳税人的纳税义务意识,另一方面也使我国的税收制度更加民主化。纳税人申报程序要求纳税人遵循诚实信用原则,如实记录纳税数据,计算应纳税额,并在规定的期限内以书面的形式报送给税务机关。在此种税务征收关系设定中,纳税人处于独立自主的中心地位,从而使纳税人自觉纳税意识得到增强。此外,由纳税人承担第一次申报的义务,既能达到对不同情况的纳税人公平征税的目的,又可使纳税人更多地参加纳税申报,发挥分担部分税款的功能,从而提高税收的征收效率。另外,将纳税义务的确定由税务机关的专职范围转变为纳税人的自主申报行为,极大地减少了行政权力寻租的可能性。征税的本质就是将私有财产转化为国有公共资金,因此纳税人在申报纳税过程中更加关注税收的收支管理、来龙去脉。从客观上讲,此种制度设计对行政机关的工作行使了监督权,主观上也有利于维护纳税人合法权益。只有当纳税人没有申报或申报不真实的情况下,税务机关才能行使职权,从而使征税双方能够在税法框架下相互监督。可以说,通过纳税申报程序的设定,实现了纳税人应纳税额的确定由税务机关“人治”向“法治”的转变。

(二)纳税人申报程序的制度基础

《环境保护税法》第四章关于“征收管理”的规定是纳税人申报程序的制度依据。《环境保护税法》规定环境保护税由纳税人自主申报,一方面表明法律赋予了纳税人自主申报的实体性权利,另一方面也表明纳税人自主申报是法律规定纳税人的法定义务。纳税人自主申报既是环境保护税征管程序的起点,也是纳税人履行缴纳环境保护税义务的体现。

---

〔1〕 参见[日]金子宏:《日本税法原理》,刘多田、杨建津、郑林根译,中国财政经济出版社 1989 年版,第 300 页。

《环境保护税法》第16条具体规定了纳税义务发生时间;[1]第17条明确了纳税人申报地点的行为地管理性质;[2]第18条对纳税人申报缴纳方式作出了明确规定,同时也对纳税人需报送的相关数据及纳税材料作出了要求;[3]第19条规定了纳税义务发生时间和纳税人申报期限,并明确了纳税人对提交的申报材料的真实性和完整性承担责任[4]。依照《环境保护税法》上述规定,纳税人承担向税务机关申报缴纳环境保护税的义务,并对提交的申报材料的真实性和完整性承担相应的责任。纳税人在申报阶段,既有时间约束,又有种类以及申报方式等相关规定约束。纳税人应对自己申报的信息及相关辅助材料承担相应的法律责任。《环境保护税法》取代排污费制度后,污染企业从"被动缴费"的行政缴费主体转变为"主动缴税"的法定纳税人,充分体现了纳税行为的法律强制性。

为了规范环境保护税的征管工作,各地方依据《环境保护税法》的规定,结合各地具体实施情况纷纷出台了地方环境保护税的征收管理办法,对环境保护税征管进行不同的制度设计和探索。部分地方关于纳税人申报环节,大多是直接援引《环境保护税法》的相关规定,或对其进行细化解释。其中湖北省、广东省、山西省、河北省等地都明确了纳税人对申报材料的真实性和完整性承担法律责任。综合来看,对于纳税人申报程序,无论是国家层面的法律,还是地方性法规,几乎都对纳

---

〔1〕《环境保护税法》第16条规定:"纳税义务发生时间为纳税人排放应税污染物的当日。"

〔2〕《环境保护税法》第17条规定:"纳税人应当向应税污染物排放地的税务机关申报缴纳环境保护税。"

〔3〕《环境保护税法》第18条规定:"环境保护税按月计算,按季申报缴纳。不能按固定期限计算缴纳的,可以按次申报缴纳。纳税人申报缴纳时,应当向税务机关报送所排放应税污染物的种类、数量,大气污染物、水污染物的浓度值,以及税务机关根据实际需要要求纳税人报送的其他纳税资料。"

〔4〕《环境保护税法》第19条规定:"纳税人按季申报缴纳的,应当自季度终了之日起十五日内,向税务机关办理纳税申报并缴纳税款。纳税人按次申报缴纳的,应当自纳税义务发生之日起十五日内,向税务机关办理纳税申报并缴纳税款。纳税人应当依法如实办理纳税申报,对申报的真实性和完整性承担责任。"

税人申报义务和申报行为进行了较为系统的制度规范。基于环境保护税的特殊性,仅适用《税收征收管理法》中对纳税人权利的原则性规范还不够,还需要在《环境保护法税》相关法条中对纳税人权利进行明确。纳税人在申报过程中,需要根据税务机关的要求,填写、报送一系列表单,如基础信息采集表、纳税申报计算表等。在该程序中,纳税人承担了大量的填报义务,并对提供的相关材料和数据信息负有法律责任,而对纳税人应享有的权利则没有明确规定。由此不难看出,纳税人在申报程序中承担的义务远远多于权利。

(三)纳税人申报程序的实施现状

1. 纳税人在申报环节义务负荷大

环境保护税的征管模式决定了纳税人自主申报程序在环境保护税征管中的重要地位,而纳税人被要求如实申报又是其中的一部分。作为环境保护税的纳税人,不仅要提交所排放应税污染物的月计算报表,还要提交环境保护税的相关纳税申报表、环境保护税基础信息采集表,最后还要进行本企业环境保护税基础信息的采集录入工作。所以,环境保护税纳税人在申报时,需要完成繁杂的计算填报工作,承担了较重的纳税义务。

由于环境保护税采用的是企业自行申报的征管模式,因此必须要对排污企业的基础信息进行收集。环境保护税的基础信息采集包括一张主表,以及附带大气、水污染物、固体废物、噪声及其产排污系数 4 张基础信息采集附表。

完成信息采集后,纳税人还须填报环境保护税申报计算表。纳税申报表(A 类)共有一张主表和四张四类应税污染物的月计算附表(见图 3-2)。此类申报主要针对采用自动监测、监测机构监测以及排污系数和物料核算法计算污染物排放量的排污企业。其中主表主要汇总月计算报表数据,四张月计算报表用于记录 4 类应税污染物排放量的计算。[1]

---

〔1〕 国家税务总局财产和行为税司编:《环境保护税政策和征管业务指南》,中国税务出版社 2018 年版,第 78~79 页。

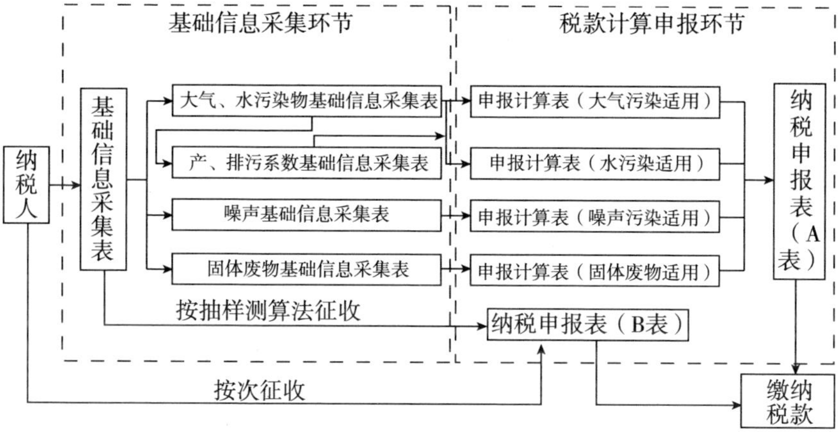

图3-2　纳税人申报环节

2. 纳税人的知情权被忽视

依照《环境保护税法》第19条第2款的规定，纳税人有义务依法如实办理纳税申报，并对申报数据资料的真实性和完整性承担责任。在完成纳税申报义务后，先由税务机关比对生态环境主管部门提交的资料确认税款，然后，纳税人履行缴纳税款的义务。但在缴纳税款前，纳税人并不知道最终确认的税额计税依据，必须通过税务机关出具的税额通知进行缴款。如果纳税人对税额通知不服，可以申请行政复议。计税依据是环境保护税征管的重要内容，决定了纳税人的应纳税额，而纳税人须等到税务机关根据计税依据作出征税决定后，才能知道相应的计税依据情况。由于对计税依据不知情，纳税人难以获得事前救济和主动维权。

而根据税收法定原则，保障纳税人知情权也是必然要求。税收征收机关在依法课税的过程中，应告知纳税人纳税依据；纳税人在缴纳税款过程中，依法享有了解纳税依据和应纳税额来龙去脉的权利。

三、环境保护税的税额确认程序

（一）税额确认程序的地位及意义

税额确认是指税务机关对纳税数据信息进行核实、确定的过程。税额确认需要在纳税人报送的表单、数据信息、账簿凭证等资料的基础上，结合生态环境主管部门递交的相关信息进行核实。[1] 税额确认是征收程序的核心和重点，无论是征税主体还是协作主体，一系列环境保护税的征管工作都是围绕应缴税额进行的。除此之外，税额确认程序是将风险管理、税收管理的流程进行信息整合的最核心程序，[2] 是税务机关依法对纳税人申报信息的真实性和准确性进行定量、定性的评定过程。税额确认是对纳税人申报的纳税义务是否符合税法有关规定作出正确评判，其行为和结果都具有法律效力。

税额确认程序体现了纳税人依法参与国家税务管理的过程，彰显了纳税人的主体地位，是征纳主体共同参与的重要途径，体现了依法治税、财税民主、人民主体的税收征管内涵。税额确认程序是税收程序法定原则和税收确定原则相结合的产物。税务机关在确定税款时，必须有法律依据，从而在一定程度上制约了税务机关的裁量权，缩小了权力寻租的空间，从而推动了从“财政本位”到“纳税人本位”的税制改革。除此之外，税额确认程序作为税款征收程序中的关键性环节，对于督促纳税人依法精准纳税、提高税务机关的工作质效性、维护国家税收权益具有积极作用。立足于税额确认程序的实施现状，剖析现有制度及问题，对于征收程序制度的研究具有重要意义。

（二）税额确认程序的制度基础

根据《环境保护税法》第 15 条[3] 的规定，在环境保护税的征管上，税额确认的信息主要来源于涉税信息共享平台。建立涉税信息共享平台的原因在于税收征收过程中纳税人与征税机关之间信息不对称。税务机关

---

〔1〕 国务院法制办公室财政金融法制司：《中华人民共和国税收征收管理法修订草案（征求意见稿）》，载 https://www.gov.cn/xinwen/2015-01/05/content_2800208.htm。

〔2〕 参见陈玉琢：《税额确认制度若干问题研究》，载《税务研究》2018 年第 1 期。

〔3〕 《环境保护税法》第 15 条第 1 款规定：“生态环境主管部门和税务机关应当建立涉税信息共享平台和工作配合机制。”

相对于纳税人而言,掌握的信息相对匮乏,因此纳税人便处于"信息优势"地位。如此一来,税务机关很难把握纳税人的应纳税额,对税款征收工作造成阻碍。[1] 纳税人在掌握自己全部的涉税资料及数据的情况下,为减少纳税负担,所提交的纳税信息并不一定都是真实的。因此,在没有相应的技术支撑以及与生态环境主管部门协作的情况下,税务机关难以实现对纳税人情况的全面了解。如果纳税人和税务机关掌握的信息量不一致,则容易导致税款流失。在纳税人自觉申报税额的基础上,要解决信息不对称困境,就需要扩充税务机关的信息来源,从而增强信息的有效性和真实性。通过构建涉税信息共享平台,既能有效解决目前税务机关信息短缺的问题,又能提高信息交流的频次,提高税收征管的效率,使其符合程序效率原则的要求。

《环境保护税法》针对目前税收征收过程中信息不对称的现象,特别规定了税务机关和生态环境主管部门应建立信息共享平台,以保障环境保护税征管顺利进行,提高征管效率,防止出现税款流失。《环境保护税法》第 15 条[2]对环境保护税涉税信息共享的主体以及应共享的内容做了简要规定,并在《环境保护税法实施条例》中对环境保护税涉税信息共享的要求及范围进行了更明确的规定和划分。《环境保护税法》第 14 条[3]明确赋权税务机关和生态环境主管部门实施环境保护

---

〔1〕 参见周小燕、罗许练:《关于税收征管中的信息不对称问题研究》,载《惠州学院学报》2007 年第 4 期。

〔2〕 《环境保护税法》第 15 条规定:"生态环境主管部门和税务机关应当建立涉税信息共享平台和工作配合机制。生态环境主管部门应当将排污单位的排污许可、污染物排放数据、环境违法和受行政处罚情况等环境保护相关信息,定期交送税务机关。税务机关应当将纳税人的纳税申报、税款入库、减免税额、欠缴税款以及风险疑点等环境保护税涉税信息,定期交送生态环境主管部门。"

〔3〕 《环境保护税法》第 14 条第 2 款、第 3 款规定:"生态环境主管部门依照本法和有关环境保护法律法规的规定负责对污染物的监测管理。县级以上地方人民政府应当建立税务机关、生态环境主管部门和其他相关单位分工协作工作机制,加强环境保护税征收管理,保障税款及时足额入库。"

税涉税信息共享机制并对此进行监督。《环境保护税法实施条例》第15条[1]、第16条[2]则对涉税信息共享的具体内容进行了细化,明确了生态环境主管部门和税务机关信息传递的责任范围。2017年,为了进一步落实信息共享机制的建设,财政部、税务总局和环境保护部三部门还联合印发了《关于全面做好环境保护税法实施准备工作的通知》,明确提出,生态环境主管部门需要在第一个环境保护税申报季度之前将排污费征收数据等资料信息报送税务机关,同时省一级生态环境主管部门和税务机关还要按照要求组织建构信息共享平台。[3] 从目前制度建设情况来看,涉及环境保护税的信息共享平台基本建设事项并没有进行系统而细致的法律规范安排,主要依靠生态环境主管部门与税务机关等内部规范性文件落实《环境保护税法》中的制度要求,因而难以稳定保障环境保护税信息共享机制的推进。

(三)税额确认程序的实施现状

在环境保护税的征管过程中,税额确认程序是在申报期结束后,由税务机关与生态环境主管部门围绕涉税信息共享平台进行相关数据交换,最终确认纳税人应缴税额,具体流程如图3-3所示。税额确认程序的第一步是,税务机关将纳税人的申报信息比对税务机关掌握的纳税人基本相

---

〔1〕《环境保护税法实施条例》第15条规定:"环境保护主管部门应当通过涉税信息共享平台向税务机关交送在环境保护监督管理中获取的下列信息:(一)排污单位的名称、统一社会信用代码以及污染物排放口、排放污染物种类等基本信息;(二)排污单位的污染物排放数据(包括污染物排放量以及大气污染物、水污染物的浓度值等数据);(三)排污单位环境违法和受行政处罚情况;(四)对税务机关提请复核的纳税人的纳税申报数据资料异常或者纳税人未按照规定期限办理纳税申报的复核意见;(五)与税务机关商定交送的其他信息。"

〔2〕《环境保护税法实施条例》第16条规定:"税务机关应当通过涉税信息共享平台向环境保护主管部门交送下列环境保护税涉税信息:(一)纳税人基本信息;(二)纳税申报信息;(三)税款入库、减免税额、欠缴税款以及风险疑点等信息;(四)纳税人涉税违法和受行政处罚情况;(五)纳税人的纳税申报数据资料异常或者纳税人未按照规定期限办理纳税申报的信息;(六)与环境保护主管部门商定交送的其他信息。"

〔3〕参见何玮:《环保税征管模式:部门协作难题与解决对策》,载《中国总会计师》2018年第11期。

关征管信息，判断是否需要再次进行税额确认。税务机关如果判断需要与生态环境主管部门进行税额确认，则根据各省建立的环境保护税涉税信息共享平台设置的风险管理项与生态环境主管部门掌握的相关监测数据等进行纳税信息的逐项比对。若出现纳税人申报数据异常或纳税人未按规定期限申报，税务机关可以提请生态环境主管部门对其进行复核。生态环境主管部门需在收到税务机关数据资料 15 日内，向税务机关出具复核意见。根据复核意见，税务机关对纳税人身份进行确认后，再通知纳税人更正排污数据信息，最后对纳税人应纳税额进行调整或追征税款。

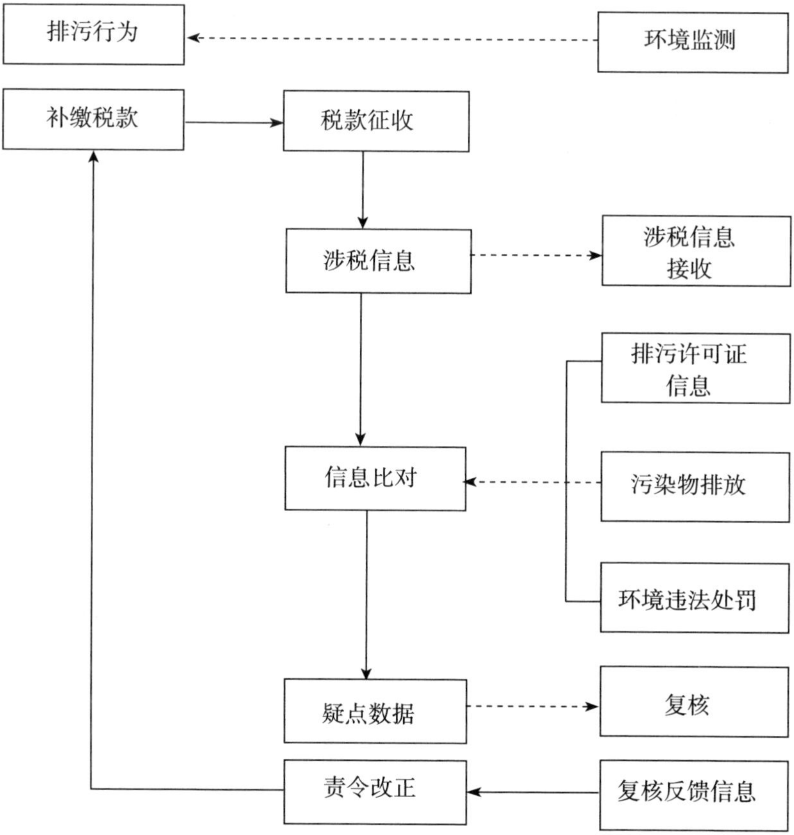

图 3－3　税额确认流程

环境保护税涉税信息交换是在同一级别进行的，在移交的基础数据方面，根据相关法规，对涉及环境保护税的日常数据，生态环境主管部门在月末 15 日内将新增的排污单位的排污许可证数据、环保监测数据、环保行政处罚数据等信息移交该市税务局。之后，税务局在申报期届满 15 日之内，移交税务基础税源信息、环境保护税纳税申报数据以及环境保护税入库数据等信息。如果在数据传输与比对中，税务机关发现生态环境主管部门交送的信息中没有对应纳税人排放污染物种类或数量信息，纳税人提交的具体申报数据出现明显偏低情况且无正当理由对此进行解释的，或是纳税人未按照规定期限进行纳税申报的情况，则可以向生态环境主管部门提请复核。税务局需要在申报期届满 10 日内将需要复核的信息提交给同级生态环境主管部门，同级生态环境主管部门需要在收到复核请求的 15 日内出具相应的复核意见。

实践表明，在涉税信息交互过程中，存在信息质效性不高的问题。另外，若税务机关在生态环境主管部门复核后对税额进行调整，纳税人对其不满，通过行政复议维护自己的权益时，行政复议被申请人应为税务机关还是生态环境主管部门并不确定。具体问题如下：

1. 涉税信息共享质效性不高

当前数据化大背景下，涉税信息存在碎片化、复杂化、多样化的发展趋势。涉税信息除了来源于纳税人的自主申报以外，还来源于税务稽查、生态环境主管部门的交送以及第三方的监测。纳税人可能抱有机会主义的侥幸心理，导致出现少报或瞒报的情况。更有甚者，将出现劣币驱逐良币的不利情形。而在税务稽查工作中无法做到无懈可击，可能存在盲点的情况下，对于生态环境主管部门或第三方监测机构获取的有关纳税人涉税信息，是否具体、全面、真实，无法做到全面及时的监管，信息的准确性也有待审核监督。如果掌握最原始信息的主体对涉税信息数据进行篡改或谎报，而没有相关法律法规对其进行规制，那么保障环境保护税涉税信息共享的质效性就非常困难。[1] 客观来说，提交信息的主体、提交的信息范围与信息内容的准确度和真实性决定了第三方涉税信息应用的实效性和效率。由于环境保护税的计税依据以排污数据为主，其计算具有很强的技术性、专业性，所以为了税务机关能够得到准确且真实的排放量数据，生态环境主管部门提供的应税污染物的监测数据信息也需要保证质效。因此，监测数据的质效性，决定着税额确认环节中涉税信息共享的质效性。[2]

另外，实践中表明，在生态环境主管部门统计数据的过程中，只有一部分纳税人安装了自动监测设备，能够实现实时监控数据的目的。对于没有安装的部分纳税人，生态环境主管部门只能一个季度对其安排一次监督性监测。因为应税污染物的监测一般都是由生态环境主管部门或经批准的第三方，用自动监测装置监测污染物的种类和数量，在此过程中无法确保排污单位不会存在人为操纵监测设备以达到逃税漏税的目的，致使监督性监测也存在数据信息不准确的问题。除此之外，在噪声污染征管实践中，还存在纳税人和第三方监测机构联合造假的问题，真实性信息因而缺乏。综合以上情况，应该注意到生态环境主管部门或第三方监测机构提供的排污数据信息可能存在不准确或不真实的情况。[3] 而且，目前各地建设涉税信息共享平台的进度不一，调研发现，部分基层税务机关与生态环境主管部门为提高信息沟通效率，主要通过纸质文档线下移交或微信、QQ 等线上方式进行数据交换比对。

2. 行政复议中被申请人的确定

环境保护税的征管方式为“企业申报、税务征收、环保协同、信息共

---

〔1〕 参见刘珊：《税收共治视野下环境税涉税信息共享最优规则》，载《南京工业大学学报（社会科学版）》2019 年第 5 期。

〔2〕 张泽玉：《环境保护税对于大气污染的经济治理探究》，载《中国经贸导刊（理论版）》2017 年第 26 期。

〔3〕 Richard Lavoie, *Flying a Bove the Law and Under the Radar: Instilling a Taxpaying Ethos in Those Playing by Their Own Rules*, Pace Law Review, Vol. 29:4 (2009).

享”,税务机关与生态环境主管部门协同征收,生态环境主管部门在征管过程中负责审核并提供污染数据作为计税依据,税务机关则依据相关数据进行征税。因此,两部门的协作成为影响环境保护税征管的重要因素。

为保护纳税人合法权益,也为防止征税机关或税收执法人员不当或违法行为,行政复议规则在税收征收程序中也同样适用。依据《行政复议法实施条例》第 11 条的规定,若对行政机关的具体行政行为不服,在申请行政复议时,应将做出该具体行政行为的行政机关列为被申请人。由于环境保护税征管的特殊性,税务机关的具体行政行为往往不是一个部门单独完成的,虽然最终是以本单位的名义作出该具体行政行为,但其依据往往来源于生态环境主管部门提供的数据信息。特别是在复核到责令改正的环节,是先由生态环境主管部门提供复核意见,再由税务机关根据生态环境主管部门提供的复核数据调整税额,最后通知纳税人进行补缴或改正。在此过程中,如若纳税人对确认的最终税额存有异议,可以申请行政复议。在这种情况下,仅以征税主体的税务机关作为被申请人进行行政复议显然存在不当之处,即使生态环境主管部门在此程序中并没有以自己的名义做出任何具体行政行为,但对于纳税人申请行政复议的结果,生态环境主管部门是主要责任主体。而现行的环境保护税相关法律并没有明确规定生态环境主管部门在此情况下,持何种身份参与其中,需要承担哪些责任。实践中,这不仅是困扰生态环境主管部门的问题,也是税务机关和纳税人需要明确的现实问题。

四、环境保护税征管的部门协作程序

(一)部门协作对环境保护税征管的意义

环境保护税征管工作的顺利进行,依托于税务机关与生态环境主管部门良好的分工协作。改革前生态环境主管部门独立征缴排污费,改革后由税务机关负责征收环境保护税,生态环境主管部门进行协作,征管中发挥各部门职能优势,使环境保护税征管取得更好服务于社会的效果,也使社会资源得到最大程度利用,推动纳税服务工作不断深入。行政协作是“两个或两个以上的机构共同从事的任何行政活动,通过非独立行事,促进公共价值增值”。[1] 跨部门开展协作的主要原因是各部门有不同分工,协作配合可使优势互补,实现效率最优。首先,在行政工作涉及不同领域的情况下,政府工作部门可以根据管理领域和不同专业分工,通过调动不同专业的知识,更加高效地完成工作,此时,行政协作就成为部门之间的连结点。其次,协作配合有利于行政资源有效整合、降低行政成本。最后,部门间行政协作使政府能更好地从宏观上配置所掌握的行政资源,减少资源的重复和浪费,达到提高行政效率的目的。如果部门间行政协作能够顺利开展,积累协作经验,政府各部门则可以在将来的工作中共享现有的行政资源。另外,通过部门协作,能够打破单一部门的专业局限,有助于利用整体且系统的方式思考、分析社会问题,促进开展专项工作所需资源的集中整合和社会问题的高效处理。[2]

对于环境保护税而言,部门协作征收不仅有助于各部门充分发挥职能优势,做到扬长避短、优势最大化;而且也有助于克服部门分割、彼此脱节的问题,促进社会化纳税服务整体效益提高,推进税务机关精细化、科学化管理;有助于部门间形成整体合力,推进纳税服务社会化。另外,有效的部门协作也有利于规范征纳行为,构建和谐征纳关系,有利于降低征税成本和纳税成本,全面提高征管的质量和效率。[3] 环境保护税不同于其他税种征收,其最大的特点即是需要跨部门系统协作才能完成征管。部门协作作为开展环境保护税征管工作的保障环节,通过理顺其制度现状和实施现状,分析其存在的主要问题,对环境保护税征管管理体系的完善具有重要意义。

(二)部门协作程序的制度基础

对于环境保护税而言,在专业分工的政府管理体系中,税务机关的地

---

〔1〕 参见[美]尤金·巴达赫:《跨部门合作:管理“巧匠”的理论与实践》,周志忍、张弦译,北京大学出版社2011年版,第6页。

〔2〕 参见[美]尤金·巴达赫:《跨部门合作:管理“巧匠”的理论与实践》,周志忍、张弦译,北京大学出版社2011年版,第234页。

〔3〕 参见王飞:《部门协作——纳税服务社会化的理性抉择》,载《湖南税务高等专科学校学报》2009年第6期。

位应当是税收征收的专业化机构。但由于环境保护税征管的专业性和技术性等原因,税务机关无法独立完成如此复杂且专业的征收工作,因此环境保护税的税源监管职责则主要由具有工作经验的生态环境主管部门承担;只有在税务机关与生态环境主管部门进行有效协作的基础上,才能实现环境保护税的有效征收。故此,《环境保护税法》首次在税种程序法中提出建立税收征管"分工协作"工作机制。

我国《税收征收管理法》第5条第3款[1]对税收协作征管进行了规定,但规定中仅指出税务机关依法执行公务时相关部门应该协作,对协作的权力与义务并未涉及,对协作的程度和责任也没有规范。该法对于协作的表述过于简略,很难形成体系化的协作内容,虽对环境保护税的协作征管具有一定指导意义,但规定过于原则和笼统对于实施操作的指导性不强。关于环境保护税协作程序的规定,主要体现在《环境保护税法》及其实施条例中。《环境保护税法》第15条规定,生态环境主管部门和税务机关应建立工作配合机制。《环境保护税法》第14条[2]和《环境保护税法实施条例》第12条规定,生态环境主管部门对应税污染物监测管理负责,并负责对污染物监测规范进行制定和完善。根据以上规定可知,税务机关与生态环境主管部门是通过分工协作对环境保护税进行征收的。生态环境主管部门在征收过程中主要负责应税污染物监测管理等工作,并配合税务机关进行涉税信息交换、复核以及反馈意见。

当前,征管协作已经成为我国税务机关有效运作的主要手段。跨部门协作也已然不是一种特殊的征管制度,而是普遍适用于整个税收征管程序的基本程序。然而,税收征管协作虽在行政法规中略有涉及,地方制度也专

---

[1] 《税收征收管理法》第5条第3款规定:"各有关部门和单位应当支持、协助税务机关依法执行职务。"

[2] 《环境保护税法》第14条第2款、第3款规定:"生态环境主管部门依照本法和有关环境保护法律法规的规定负责对污染物的监测管理。县级以上地方人民政府应当建立税务机关、生态环境主管部门和其他相关单位分工协作工作机制,加强环境保护税征收管理,保障税款及时足额入库。"

项立法或独立为章规范协作,但指导我国税收征管程序的《税收征收管理法》还没有进行严谨的规范界定,其相关条款虽有涉及但没有对征管协作进行相对完整的规范。《环境保护税法》第四章关于协同征管的规定,既有生态环境主管部门的宏观协调,也对合作模式进行了明确规定,但《税收征收管理法》并没有统一的征管合作标准,缺乏基本的协作规则,这就导致《环境保护税法》在向协作部门提出协作标准时缺乏法律依据和指导意义。

（三）部门协作程序的实施现状

之前征收的排污费是由环境保护部门确定征收数额并负责收缴,排污费的收入也是各级环境保护部门重要的环境治理经费来源。“费改税”完成开征环境保护税后,由污染企业纳税人发起征管程序,税务机关负责环境保护税的征管,生态环境主管部门则承担了测量污染物、审核认定污染物排放量、复核数据等协助征管的部分职责,环境保护税的收入统一纳入预算收入,资金支出与税务机关和生态环境保护部门没有直接关联性。

实践中,各级生态环境主管部门的日常工作除负责参与执行环境保护的各项政策开展污染检测管理外,还要协调各地方、各部门甚至跨地区的重大环境问题等;平时的工作本就复杂且琐碎,需要投入大量的人力、物力才能完成。排污费改环境保护税后,原本由排污费收入支撑的支出事项并没有减少,在协助环境保护税征管过程中日常监管和数据核对工作同样需要开展,且如果数据监测和核对出现问题还需要承担一定的工作责任风险;在财政投入直接减少、日常工作量不减反增的情况下,生态环境主管部门协作征管的积极性大大受挫。在生态环境主管部门行政收费权力被限制、原本执法利益被取消、协作环境保护税征管的法定职责又不十分明确的情况下,要继续确保生态环境主管部门积极作为,有效地配合税务机关开展环境保护税的征管作业,难度非同小可。[1] 事实也证

〔1〕 参见叶金育:《论环境保护税征管中环保部门的权责配置》,载《华东政法大学学报》2020 年第 4 期。

明,生态环境主管部门的工作人员对环境保护税的征管协作工作并没有很高的积极性,只是机械地完成任务,协作意愿不强成为阻碍环境保护税协作程序开展的重要问题。

从目前环境保护税协作征管程序开展情况看,生态环境主管部门在协作税务机关征收工作上缺乏必要的主动性。且各种组织形式分散,并没有实现真正意义上的职能整合,部门协作的整体合力未完全发挥。协作工作中仍然没有摆脱部门条块的阴影,依然各行其是,实施协作的主观意愿低。现实中,目前基于环境保护税征管的力度并不大,因此征管纠纷并不突出,但若发生征纳行政复议导致税务机关和生态环境主管部门间出现矛盾或权限冲突,在现有的程序制度下,很难得给予合法解决。另外,部门本位观念尚未彻底根除,客观上加大了部门之间的协作难度,影响环境保护税协作征收工作效率。当前环境保护税征管协作程序法律制度建设,仅能对征管协作宏观上给予原则性指导,地方性法规和规范性文件具体可操作性、落地性不够强,实践中未能实现协作效益最大化的目标。

第四章　环境保护税征管协作指导理论

环境保护税征管协作相关理论的分析是开展环境保护税征管协作问题研究的起点和基础。环境保护税的外部性理论解释了税费改革开征环境保护税的必要性和意义;税收征管的成本与效率理论为环境保护税征管制度的完善提供了基本指导准则;协作系统理论回答了通过分工与协作实现整体政府高效运行的基本逻辑和核心内容;管理权责配置理论则为处理当下环境保护税征管协作主体之间权力义务关系、权责分配和权力边界等现实问题提供了支撑。

一、环境保护税外部性理论

环境保护税有广义和狭义两种理解。广义的环境保护税是指所有基于环境保护目的而征收的税收以及所采用的相关税收措施。如我国的资源税、消费税等具有环境保护功能的税种,均属于广义上的环境保护税。从狭义上来讲,环境保护税是对某一物质征收的税,该物质在其使用或释放过程中会对环境造成特定的负面影响,环境保护税与生态环境保护政策的目标相关,其调控范围相对较窄。典型的狭义环境保护税是根据具体征税对象的不同所征收的各种排污税,如大气污染税、废水税、垃圾税、噪声税等具体税种。而我国于2018年年初开始征收的“环境保护税”即属于狭义的环境保护税。我国《环境保护税法》的立法宗旨[1]是通过征收环境保护税,以减少污染物排放,保护生态环境,改善生态环境质量。根据我国《环境保护税法》的规定,只要是直接排放应税污染物的,无论是经济组织还是非经济组织,都应依法缴纳环境保护税。

一门学科领域或实务研究得以不断发展延续,有赖于相关的理论基础或逻辑起点的建立。环境保护税与传统的环境保护管制法律制度不同,其背后的理论基础是十分复杂的。有学者从产权理论视角对环境问题进行了探讨,认为环境问题也是经济问题,其产生的根源是难以清楚地界定资源与环境的产权关系,可见环境保护税背后有着充分的经济学理论基础。因此,从经济学的视角探讨开征环境保护税的理论基础就显得尤为重要,外部性理论是支撑和指导环境保护税制度建构的重要理论依据。在市场经济体制下,市场主体为实现自身利益最大化实施的行为会产生外部性影响,如高消耗、高污染的企业会带来环境污染、低效率的可持续发展等一系列问题,而这些企业却未对此付出相应的成本,从而降低了社会的总体福利水平。因此,各国征收环境保护税大多以保护环境、解决市场经济主体外部性问题、实现可持续发展为政策目标。环境保护税征收与外部性理论密切相关,外部性是研究环境保护税的重要理论基石,是解释环境问题的理论依据。

(一)外部性理论的由来

外部性问题的研究最早可以追溯到英国经济学家西奇威克(Henry Sidgwick)对“灯塔”问题的研究,他在《政治经济学原理》一书中写明,在各种各样情况下,个人通过自由交换提供的劳务与其获得的报酬并不一

---

[1] 《环境保护税法》第1条规定:“为了保护和改善环境,减少污染物排放,推进生态文明建设,制定本法。”第2条规定:“在中华人民共和国领域和中华人民共和国管辖的其他海域,直接向环境排放应税污染物的企业事业单位和其他生产经营者为环境保护税的纳税人,应当依照本法规定缴纳环境保护税。”

定是对等的。例如，由于公共设施的性质，很多人都享受到公共设施带来的福利，但公共设施的建造者或者愿意购买的人并不一定能等价地获取福利回报。又如，在海边矗立的灯塔，大量的船只能从海面上的合适位置受到灯塔的指引，但灯塔所有者或管理者却很难向他们收费。西奇威克意在表明，在自由交换市场中，个人提供了劳务或其他福利并不是总能获得相应的报酬或回报。这种"个人提供的劳务"与"报酬"之间的不对等性，正是外部性问题的缘起。

学界通说认为外部性概念源于古典经济学派代表人物马歇尔提出的外部经济概念。他在《经济学原理》一书中分析生产者经济行为和行业经济运行趋势时，提出了"内部经济"和"外部经济"的概念。在马歇尔看来，除土地、劳动、资本这三种生产要素外，工业组织也是生产要素。大多数研究集中于内部经济，即企业由于自身规模扩大而带来的生产效率的提高，如规模扩大后要求更专业化的分工、更完善的管理制度。而外部经济同样值得研究，即企业受到其他企业或者社会环境的影响而导致的效率的提高，如企业间信息和技术的交流以及企业间形成的聚集效应。[1]他用内部经济和外部经济的概念来说明企业分工这类生产要素的变化如何影响产量及效率，把企业内分工而带来的效率提高称作内部经济，影响企业内部效率提高的因素包括劳动者工作热情、工作技能等；把企业间分工而导致的效率提高称作外部经济，影响企业外部效率提高的因素包括企业离原材料供应地和产品销售市场远近等。马歇尔虽然没有界定"内部不经济"和"外部不经济"的概念，但可以从"内部经济"和"外部经济"含义中推导出"不经济"的含义，即内部不经济是从企业内部的角度出发，受到各种因素影响而导致生产成本增加、经济效率降低；外部不经济是指企业受政治、经济、社会、环境等外部因素影响而导致的生产成本增加、效率降低。马歇尔提出的外部经济概念仅仅对企业规模扩大的原因作出了

---

〔1〕 参见[英]马歇尔：《经济学原理》(上卷)，朱志泰译，商务印书馆1964年版，第278、328页。

理论上的抽象和概括，并没有用实例进行具体的论证，但经济学界越来越重视对外部经济理论的讨论。

在西奇威克和马歇尔的开创性研究之后，福利经济学派创始人庇古在其基础上对外部性理论进行了发展。他从福利经济学的角度系统性研究了外部性问题，对“外部不经济”的概念和内容进行了扩充，并将外部不经济性问题的研究从外部因素对企业的影响转向到企业对外部环境的影响。庇古应用经济学的分析工具，提出“边际私人净产值”和“边际社会净产值”等概念来阐释外部性问题。如果边际私人净产值小于边际社会净产值，说明生产活动中有其他人得到了利益，产生了正外部性效应；如果边际私人净产值大于边际社会净产值，说明生产活动中有其他人受到了损失，产生了负外部性效应。庇古用灯塔、污染等例子来说明经济活动中经常存在对其他人的影响，形成了较为全面的和完整的外部性理论体系。[1] 美国新制度经济学家科斯在批判庇古理论的过程中逐渐对外部性理论以及如何解决外部性问题进行了延伸和发展。他在《社会成本问题》中提到，“外部效应是具有相互性的，不仅仅是一方侵害另一方的单项问题”。[2] 科斯以化工厂和居民区环境污染纠纷为例论述外部性的双向性：如果在建居民区之前化工厂已经存在，工厂排放污水给当地居民生存环境带来负外部性影响；同时，居民区限制了化工厂排放污水，化工厂要缴纳税款，给工厂的经济也带来了负外部性影响。这区别于庇古的理论，庇古没有考虑污染者是否具有污染者的权利。科斯在庇古的理论基础上进行了扬弃，发展出科斯定理，并从产权和交易成本的角度积极探索实现外部性内部化的具体途径。

外部性现象或外部性问题仍普遍存在于经济活动中，但如何科学界定外部性概念的定义至今仍然是一个难题。根据福利经济学中传统外部

---

〔1〕 参见李传轩：《环境保护税法律制度研究》，华东政法大学 2008 年博士学位论文。

〔2〕 参见高建伟、牛小凡：《科斯〈社会成本问题〉新解：三个“一以贯之”》，载《天津商业大学学报》2021 年第 6 期。

性理论的观点，外部性是某个经济主体生产的行为或消费物品、服务的行为对另一个经济主体或整个社会产生一种外部影响，这种影响是附加的，并非通过自由市场交易产生，并且不以市场为媒介，不能通过市场机制纠正。正如兰德尔对外部性进行定义：外部性是指经济主体从事某个行为时被不在考虑范围内的某些效益或成本而影响，这种影响既可能是给予某些效益，也可能是强加某些成本给没有参加决策的主体。[1] 外部性会导致市场配置资源脱离帕累托最优状态，出现市场失灵问题。

经济学家们对外部性现象进行分类。庇古通过私人收益与私人成本、社会收益与社会成本这类经济学概念，依据影响效果将其分为外部经济（又称为正外部性）或外部不经济（又称为负外部性）。在市场经济中，市场经济主体从事经济行为时需要支付相应的费用，即产生了私人成本。从事经济行为获取的收益就是私人收益。一方面，如果经济主体产生私人成本的同时也给其他主体带来费用支出，减损了他们的福利，这就产生了社会成本问题；另一方面，如果经济主体在自己获得私人收益的同时，给其他主体带来了有关收益，增加了他们的福利，这就产生了社会福利。

正外部性是指经济主体的私人成本高于社会成本。此时私人收益外溢，经济行为主体的生产和消费给公民群体带来利益，但没有使公民群体付出代价。在此时，社会边际效益高于个人边际效益，如教育、公共卫生、通信事业的发展等。负外部性是指经济主体的私人成本低于社会成本，此时私人的经济行为对其他公民权益或社会利益造成了损害，但没有承担相应的赔偿责任，造成私人成本外溢。

在环境保护领域中，环境问题引发的外部性现象普遍存在。人类过度地将生产生活产生的污染排入环境，超出了环境承载能力，导致一系列环境问题，对人们生产生活造成不利影响。从外部性理论角度分析，环境污染问题是典型的社会成本大于私人成本的负外部性问题。如工厂生产

---

〔1〕 参见[美]阿兰·兰德尔：《资源经济学：从经济角度对自然资源和环境政策的探讨》，施以正译，商务印书馆1989年版，第155页。

过程中将产生的污水、废气直接排放到环境中,会给当地的居民生活用水和身体健康等方面带来影响,增加社会成本。从理论上讲,缺乏明确的产权界定是造成外部不经济的最终原因。环境问题产生的原因是空气、水源等自然资源产权难以确定或产权界定不明晰。此时政府就可以采取措施,将社会成本纳入私人成本中,即完成外部性内部化的转化。正如庇古所强调,环境污染的负外部性会使社会成本远远大于私人成本,因此需要政府干预才能解决环境问题带来的负外部性。

(二)外部性问题的解决

外部性问题产生后,许多经济学家先后提出了各种解决的方法和路径。正如有学者指出的那样:"外部性问题不存在唯一的解决方法"[1],其中最有影响力的方法有以下三种:

一是政府实施命令控制型的环境管制政策,命令禁止或管制产生负外部性效应的方式。政府实施环境管制,本质上是以行政命令的方式人为制定排污标准,辅以罚款等强制执行手段确保政策执行。这种解决负外部性问题的方法不借助于市场的力量,具有强烈行政命令色彩。但是单纯依靠政府宏观调控,企业排污只要不超过标准,就可以持续生产,如此不利于控制环境污染的新技术进步,也极有可能增加环境保护的成本。除此之外,政府相关职能部门的监督机制不健全,易滋生腐败行为,造成"政府失灵"问题。因此,单纯依靠政府行政性命令虽然在一定程度上可以保护环境,却难以有效率地控制环境污染。

二是"庇古税"思路,即企业或单位在生产经营中的经济行为产生了正外部效应,应给予其补贴,反之,产生了负外部效应的行为应予以征税。征税是外部性内部化的重要手段。这种方法是由福利经济学代表人物庇古提出的。庇古认为当存在外部经济效应时,完全依靠市场机制调节不能实现资源的最优配置。对于外部性问题,庇古认为政府应采取的经济

[1] [美]K. E. 凯斯、R. C. 费尔:《经济学原理》,郭建青等译,中国人民大学出版社1994年版,第572页。

政策是对边际私人成本小于边际社会成本的企业或单位征税；对边际私人收益小于边际社会收益的企业或单位给予奖励和津贴。

三是"产权管理"思路，即明晰产权，通过经济主体的谈判纠正外部性问题。这种方法是由产权学派代表人物科斯提出的。从产权界定入手，探讨外部性治理手段，形成了著名的科斯定理。依据科斯定理，只要能够明确产权，并且不存在交易费用或交易成本足够小，通过私人谈判将会有效治理外部性问题，从而实现资源配置的帕累托最优。通过明确产权方式来治理负外部性的经济路径被称为科斯手段。产权界定后进行产权交易是解决外部性问题的主要政策建议，如排污权交易、碳权交易等。这也成为一些发达国家解决环境负外部性问题的重要手段。但科斯定理的适用有着特定的假设，即防治环境污染市场是完善的；如果产权界定的成本或交易费用十分高昂，就需要政府干预。因此"产权管理"的思路具有一定局限性。

（三）庇古税

庇古在其著作《价值与财富》中系统论述了负外部性问题，他认为社会为治理负外部性问题支出了费用，而产生负外部性的经济主体并没有承担相应的成本。因此，在治理负外部性的经济手段方面，政府应通过征税的方式增加企业生产成本。庇古从而提出了征收"庇古税"作为治理外部性的方法。

庇古主张采用征税的方法，迫使厂商、消费者实现负外部性内部化的转化。当一个厂商或一个消费者的经济行为产生了负外部性效应，致使社会成本大于私人成本，就应该对其征税。征税的多少取决于厂商或消费者产生的损害，即税收应恰好等于边际损害成本，进而使厂商或消费者转变生产行为或消费行为。[1] 向厂商、消费者征税实质上就是让厂商、消费者承担污染的负外部性成本，消除社会成本与个人成本间的背离，从

---

〔1〕 参见郭建强：《从外部性理论看政府治理环境污染的必要性和手段》，载《广西大学学报（哲学社会科学版）》2007年第29卷增刊。

而实现资源的最佳配置。在实施这样的措施下,厂商、消费者自然会比较增加生产、消费的成本与缴纳税款成本之间的高低。当生产或消费的成本过高,消费者可能选择不消费,厂商可能选择不生产、减少生产或通过提高技术减少污染行为,这会带来环境质量的改善,将外部性问题内部化。总体而言,庇古税可以有效减少污染,激励排污企业改进技术、控制成本。[1]

庇古税在本质上属于一种修正性税收,其不仅仅可以修正环境污染领域的负外部性问题,还可以应用于资源能源利用领域。庇古税是环境保护税的早期形态。但从实际应用的角度看,庇古税更多的是提出了一种理想化的设想,在实践中怎样征税,如何确定征税额度,还有待进一步发展。庇古以后的很多经济学家在原有的理论基础上对此进行了发展,1971 年鲍莫尔和奥泰斯根据单位税收应等于边际社会损失原则提出标准收费法;1979 年巴罗(Barrow)提出逐步控制法,以实现对庇古税率的不断优化调整。基于外部性理论基本内容可知,环境问题引致的外部性问题单纯依靠市场机制不能得到有效解决,市场配置资源的效率不能达到最优,在这种情况下就应运用一些非市场手段如政府征税或公共政策干预来避免市场失灵,使外部性内部化,从而达到资源的高效配置。征收环境保护税就是政府通过税收途径消除外部性影响的手段之一。

二、税收征管效率理论与成本控制理论

税收是一个国家财政收入的主要来源,其征管水平的高低直接影响一个国家的财力水平和法治水平。税收制度由税制结构与税收征管两个部分构成。税收制度关系国计民生,合理的税收制度能够促进社会经济的发展,反之,则会阻碍生产力的发展,甚至破坏社会经济。税收征管是指国家及其税务机关依法对征纳税过程进行计划、组织、指挥、协调、监督以及检查等一系列工作的总称。税收征管具有工作量大、涉及面广等特

[1] 参见李云燕:《环境外部不经济性的产生根源和解决途径》,载《山西财经大学学报》2007 年第 6 期。

点，运用税收征管效率理论和成本控制理论来指导税收工作，可以更好地实现税收征管的目标。

(一)税收征管效率理论

市场经济不仅是法治经济，也是效率经济。在市场经济的环境下，效率对经济活动的开展发挥了重要作用，税收亦是如此。税收征管效率要求国家对资源进行有效合理配置，促进社会经济机制有效运行，从而促进税务行政效率提高。在"十二五"规划中，国家税务总局把税收征管质量和效率的提升作为主要目标之一；在"十三五"规划中，国家税务总局重申了提升税收征管效率的重要性。提升税收征管效率两次写进国家规划中，这表明税收征管效率已经成为税务机关关注的核心问题之一，也表明税收征管效率是保证公共财政收支平衡的关键因素。

税收征管效率原则包含了税收行政效率原则和税收经济效率原则两个方面。税收行政效率原则是税收征管方面的基本原则之一，以提升税务行政管理水平为目的，使国家取得税收收入的税务费用尽可能降低。税收经济效率原则属于税收效应方面的原则，其要求税收额外负担最小但附加收益最大，这一原则体现了税收对社会资源配置以及社会经济机制运行产生的影响。环境保护税征管协作问题研究重点侧重协作对于征管的影响，因此从效率方面侧重关注税收行政效率。

1. 税收征管效率的内涵

古典经济学家的著述中对税收征管效率理论多有涉及。威廉·配第(William Petty)在《赋税论》中提出"公平、简便、节省"三大税收原则，其中节省原则体现了征收效率理念，目的在于在征收过程中尽量减少征收成本。亚当·斯密的《国民财富的性质和原因的研究》一书中提出"平等、确定、便利和最小征收费用征收经济"的税收四原则，并主张"所有的赋税都要合理地征收，设法从人民那里征收的尽可能等于最终国家得到的收入"，其中"便利"意味着节省纳税成本，而"征收经济"的原理是节省征税成本。[1] 德

〔1〕 参见董晓岩:《税收征管效率研究综述与内涵辨析》，载《税务与经济》2010年第6期。

国新历史学派的代表阿道夫·瓦格纳(Adolf Wagner)继承和发展了亚当·斯密的租税理论,并在《财政学》中提出“四端九项”的税收原则,将“确实、简便和节省征收费”的原则包含在税务行政原则中,体现了征管效率的原理。马斯格雷夫(Musgrave)在《财政理论与实践》中也提出“管理和征纳费用应当尽可能地减少”的原则。

我国对于税收征管效率理论的研究多从管理学视角切入。“效率”一词通常用来衡量投入与产出之间的关系。在投入一定时,产量与生产效率之间存在显著的正相关关系。就税收征管税务角度而言,税收征管效率就是衡量在税收征管过程中投入与产出的关系。在税收征管过程中,税收成本主要指为实现税收收入而进行的成本投入。税收成本包括三个方面:征税成本、纳税成本和机会成本。征税成本,是税务机关在征税过程中所发生的行政和其他开支;纳税成本,是纳税人为履行其义务而发生的支出;机会成本,则是指由于税务机关放弃对纳税人的管理,或者因为纳税人逃避税收而造成的税收损失。[1] 对税收征管过程中投入水平标准的衡量不能单纯参考税收成本的绝对数值,而应当以相对的税收成本为依据,也就是以税收成本在税收收入中所占的比重为依据。税收征管的目标对税收征管过程的产出发挥了决定性作用。现代税收征管理论认为,由于利益关系、知识结构等因素的影响,税务机关在建立了税务制度之后,还必须进行税务管理。基本税收制度只对征什么税、谁纳税、纳税金额等问题进行了规定,却不能保证整个纳税过程良好运行,这是由制度与实践的根本区别所决定的。税收征管的目标就是保证纳税义务人依法纳税,[2]因此,税收征管过程的产出是税收征管的有效性,而非单纯的税收收入,也就是通过税收征管来保证纳税义务人依法纳税目标实现的程度。税收征管效率衡量的是政府在征税过程中的投入和产出的比率,即税收成本在税收收入中所占的比重与征收效果之间的相关性问题。若想

---

〔1〕 参见胡荣桂:《浅论税收征管效率》,载《税务研究》2000 年第 6 期。

〔2〕 参见马国强:《论税收管理的目标、框架与模式》,载《税务研究》1999 年第 12 期。

提高税收征管效率,应当尽量降低税收成本在税收收入中所占比例。

2.税收征管效率的影响因素

从实证研究的角度来看,税收征管效率主要受到经济税源、税收制度、税收征管的影响。

第一,经济税源因素是指经济决定税源,从而影响税收征管效率。主要表现在以下四个方面:一是经济发展水平。随着经济发展水平的提高,税收的总量不断增长,如此一来更容易产生税收征管的规模效应,从而降低单位税额的税收成本,提高征管效率。二是税收来源的集中性。由于税收资源集中,税收的困难和费用都会下降,因此税收管理的效率会提高;反之,效率则会下降。三是经济结构的复杂程度。经济发展水平的提高,导致经济结构的复杂程度提高。我国的税收征管工作也日趋繁杂,需要在不同的方面和方法上有更多的区分和针对性,以防止税收费用过高、管理效率低下。四是经济组织的规范化程度。这主要涵盖财务核算体系的完善程度以及在理财活动中经济组织遵守法律制度的自觉程度两个部分。[1] 如果税务机关所面对的是符合会计准则、严格遵守财务管理法律法规的经济组织,那么征管成本就会降低,税收管理的效果也会更好。

第二,税收制度因素指一定时期内一国的应征税收是由经济税源与税收制度决定的,税收制度因而对税收征管效率产生影响。主要表现在以下三个方面:一是税收的制度规定。税收制度主要规定税种、征管对象、征税标准、税率税额以及指导征管具体工作的流程。如果税收制度缺位,则将导致诸多涉税问题的处理无法可依,不能有效解决,进而增加征管成本、降低税收征管的效率。二是税收制度与经济发展程度的适应性。税收制度的设立应当与经济发展相适应,若忽视经济发展的现实情况,将会导致税收制度的设计沦为空中楼阁,不适应实际经济情况,增大征税难度,提高税收成本,导致税收征管效率降低。三是税收制度与税收征管实

---

〔1〕 参见董晓岩:《税收征管效率研究综述与内涵辨析》,载《税务与经济》2010年第6期。

践的适应性。任何税收制度的有效运行都离不开一定的税收征管能力，在一国的税收征管能力既定的情况下，税收制度的设计必然要符合国家的征管能力，[1]否则，将会影响税收征管的效率。

第三，税收征管因素。税收征管因素主要表现在以下三个方面：一是税收征管模式的认定。税收征管模式是指在征管过程中税务机关为实现征管功能，由征管人员、征管形式、征管方式等多重要素组成的一个综合体，其整体表现为征收、管理、稽查三者的有机组合，反映了我国的征管体制与技术水平。征收、管理、稽查多部门之间分工与协作都影响着征管效率水平。各部门分工明晰，协作良好，有利于税收征管效率的提升；反之，则会对其产生负面影响。二是税收征管手段的高低。通过加强对技术手段的运用，推动税收信息化建设的进程，有助于保障税收管理水平的提高。在应用计算机技术手段的基础上，建立如"金税工程"等高科技管理系统，有助于实现税务征管全过程的信息化管理，实现税收征管效率的提升。三是税收征管人员的素质。税务人员作为税务管理的主体，其道德素养与业务能力水平对税收征管效率产生重要影响。税务人员对国家各项制度的掌握程度越高，严格执法和依法行政的实现度就越高，有利于税务机关及其工作人员在纳税人心中公正形象的树立，进而对纳税人的纳税遵从意识产生影响，降低税收征管成本，提高税收征管实效。

环境保护税的征收应该在税收效率理论的指导下，积极高效地完成对应税排污者征收环境保护税的任务。这需要通过建立科学有效的征管体制，合理配置各主体的权利（力），从征收程序中体现对行政效率的追求。在此基础上，合理配置中央和地方环境保护税权，协调税务、生态环境等部门的关系，建立健全的工作协作机制，使之在体制的支持下，积极、有效地进行纳税申报。同时，要充分利用现有的税收制度和排污收费制度，在现有的基础上，迅速、高效地进行税收征管，有效地指

---

[1] 参见陈鹏、朱茜雯、郝晓薇：《"营改增"背景下税收征管效率的实证分析》，载《四川理工学院学报（社会科学版）》2019年第3期。

导纳税人进行纳税申报，减少纳税人、税务机关、生态环境主管部门不必要的经济、时间和人力成本。

（二）税收征管成本控制理论

控制税收成本是税收理论、实务和制度研究领域的重要问题，税收成本所占税收收入的比例以及增长情况不仅影响政府税收收入，还会在一定程度上对政府经济政策的制定造成干扰，影响我国税法的执行权威与实施效果。因此，强化税收成本控制成为优化税收环境、推动税制改革，进而实现税收征管质量全面提高的关键环节，在征税过程中应当始终依照并严格执行税收征管成本控制理论。

1. 理论来源

英国古典政治经济学派的创始人威廉·配第针对当时英国税收制度中存在的弊端，在其代表作《赋税论》和《政治算术》中提出公平、简便、节省的税收原则理论。其中“节省”原则意即征收费用不能太高，涉及税收成本问题。此后，德国官方学派的代表尤斯蒂在其《国家经济学》中提出国家征税应当“选择征收费用最低的货物课税，简化纳税手续，实行税金分期缴纳，时间安排得当”等观点，税收成本的经济思想都在这些观点中有所体现；在亚当·斯密“平等、确定、便利和最小征收费用征收经济”四大赋税原则基础上，逐步发展为成熟的税收成本原则。萨伊以斯密的征收经济原则为出发点，在其基础上从税收收入的角度对税收成本进行阐述，并指出税收收入的提高必须要公平赋税和适度征税。19 世纪 60 年代哈伯格提出额外税负“三角形”理论，他指出税收成本既包括征收成本，也包括纳税成本和经济成本，该理论丰富了税收成本的内涵。

税收征管成本控制理论始终是近现代税制研究的重点领域，有诸多研究成果，这一理论的研究相对较为成熟。在我国的税收理论研究中，更倾向于对税收收入规模与增长速度的研究，强调税收对宏观经济的调控作用。从目前研究成果来看，国内学者对税收管理的关注多集中在税收管理成本与有形成本控制等方面。

2. 理论内涵

在征税过程中,政府将资源从私人部门转移至公共部门需要借助相关部门通过一定的方式实施资源转移,这就需要耗费资源,这里转移的方式即是征税,征税部门就是税务机关,消耗的资源即是征税成本。税收征管成本是一种客观存在的经济现象,是指税务机关为组织税收收入所付出的费用;其作为税收收入的物质基础,会影响税收征管的质量效率、纳税人自觉纳税的积极性,也与国家的可用财力、政府建设密切相关。[1]

税收效益的提高,直接反映在征税成本总费用不变的前提下,通过调整费用结构来优化税收成本结构,以实现税收成本的降低,提高税收效率。税收征管成本具有累退性,征收税款的数额会随着税源的集中度而有所不同。对税务机关来说,特别是基层税务机关,其无法改变和控制当前的经济环境和税收政策,只能通过对自身的工作加强管理来有限地控制税收征管成本。要降低税收征管的成本,就要确立科学的征管理念,理顺征纳法律关系,明确权力与责任的归属。但如果全权由税务机关安排好各种纳税事项,除了会导致征纳双方的权力(利)义务关系变得模糊不清,还会导致税收征管成本的增加。实践表明,不同的税收征收方式会对税收征收产生一定的影响;建立符合我国经济发展和行政管理水平的税收征管模式,可以提高工作效率,降低征管成本。如果现行的征管方式与经济发展的要求不相适应,势必会给征管工作带来阻碍,导致内部监管薄弱、管理效率低下,从而加大税收征管的费用,严重制约着我国的征管工作。另外,将现代科技应用到税务系统中,实现信息化管理,有利于税务工作的开展,降低了税务费用的投入。

我国自2018年开征的环境保护税是针对直接向环境排放污染物的行为课征税款的独立型税种,是促进环境保护和生态文明建设的绿色税种,其征管过程涉及生态环境主管部门与税务机关深度交叉协作征管,因此在征管中对其征管成本的控制提出了更高要求。如何在协

---

〔1〕 参见顾惠祥:《控制税收征管成本的探讨》,载《税务研究》1999年第6期。

调两部门权责配置的基础上,科学高效地完成税收征管工作,提高工作效率,实现对税收征收成本的控制是一个难题。并且环境保护税的突出特点之一是其征收目的为促进生态文明建设,这不同于经济税种,其征收税额相对较低,其性质也表明在征收过程中税收成本控制的重要性,否则,会导致税务资源的浪费。环境保护税征管过程始终关注税收成本控制,是实现税收工作高效运行的保证。应选择适合环境保护税征收的科学征管模式,在合理配置各部门权责的基础上,科学合理设置机构和配备人员,提高行政组织效率,强化税收成本意识,并且在征收过程中加强税务经费管理,充分发挥使用效率,以实现对税收成本的控制。

三、跨部门协作理论

环境保护税的征管涉及税务、生态环境等多个政府部门,想要实现科学合理的征管初衷,就要依靠各部门的相互配合,协作推动环境保护税的征管。在现代专业化分工理念不断深化的背景下,政府部门履职环节与专业设置不断细化,过度依赖分工的趋向使各职能部门不断趋向履职独立且封闭。分工协作是政府提高运作效率的需要,分工能够更好发挥专业作用,而协作可以降低政府的资源消耗,提升政府的整体运作效率。这种基于经济学的分工协作理论,在公共行政管理中表现为“整体政府”这种新的治理思想。另外,优化各部门的协调配合,要通过系统化调整。因而,分工协作、整体政府治理和系统理论是支撑协作系统理论的重要基础,而协作系统理论中的目标、意愿和信息则是指导环境保护税征管协作体系建构的核心支撑内容。

(一)分工与协作

1.分工理论

随着社会的发展,社会分工开始出现并不断发展,行政管理的专业化程度也不断提高。古往今来,政府按照职权划分部门的现象司空见惯。国家的分工协作理论最早出现在柏拉图的《理想国》一书中。该理论比较关注国家范围内的分工协作,认为人的个体差异性决定了必须依靠分工才能使社会维持正常运转,推动社会福利增进。18 世纪以后,由于重商主义和工业革命的发展,分工协作理论进一步发展。1776 年,著名古典经济学家亚当·斯密出版的著作对分工理论有系统的论述。他认为:劳动生产力之所以提高,主要是因为社会分工。生产力的提高促进了市场的扩大和发展,市场的发展反过来推动了分工的进一步精细化、专业化,分工的程度随之加深。[1]

同处于由传统社会向现代社会转型期的埃米尔·涂尔干和卡尔·马克思在亚当·斯密分工理论的基础上,继承和发展了传统的劳动分工观念,并重新解读。由于转型时期工业化发展带来的机器生产以及思想启蒙对个人的冲击,在当时社会和政治中,个人自由日益成为其核心价值。[2] 由此,马克思和涂尔干就在社会分工日益加深的大环境中,探讨个体自由与发展的问题。马克思运用辩证的方法将劳动分工、个人自由及社会发展之间的关系归结为实践问题,这三者之间的关系随着实践的发展而变化。马克思创作的《1844 年经济学哲学手稿》分析归纳了前人(亚当·斯密等)的分工思想,总结了前人的主要理念。之后,马克思在《1861—1863 年经济学手稿》中首次对其分工协作的概念进行了系统的论述,并对前人(柏拉图、色诺芬、弗格森、亚当·斯密)进行了分析和批判,克服了他们思想的片面性,将劳动和协作融入生产力的变动之中。一方面,他从整体上、科学上认识到生产力是分工协作的现实依据;另一方面,他对分工协作与生产力发展之间的关系进行了辩证阐释。劳动分工与协作并不是完全以生产力发展为基础的,在特定的情况下,分工协作也可以先于生产力的发展形成新的生产要素技术组合,进而推动生产力发展。而马克思在《1861—1863 年经济学手稿》中主要阐述了分工协作与提高劳动生产力之间的联系。[3]

---

〔1〕 参见廉勇、李宝山、金永真:《分工协作理论及其发展趋势》,载《青海社会科学》2006 年第 2 期。

〔2〕 参见于琳、丁社教:《马克思与涂尔干社会分工思想谱系的异同与会通》,载《江西社会科学》2020 年第 2 期。

〔3〕 参见《马克思恩格斯全集》(第 47 卷),人民出版社 1979 年版。

从古至今,分工思想不断发展变化。诸多学者基于当时的社会发展情况,立足于不同的立场和角度,提出了不同的分工理论,但是他们都是将社会分工和经济发展结合,将其作为一种经济学理论探讨论述。真正将分工思想运用到公共管理领域的学者当属德国学者马克斯·韦伯。韦伯将分工理论延伸到政治学领域,对理想型的官僚制度进行构设,为解读现代政府的分权实践提供了分析模型。在合法型的统治里,一般都设有官僚行政管理班子,形成了官僚制。官僚制的管理模式,是政府进行职能分工的重要原因。官僚制通常会把整体性工作划分成若干部分,再把这些部分细化为各个方面,最小的方面则交由具体的职位来承担。职能分工的目的之一就是要实现专业化的管理,要“让专业的人干专业的事”。官僚体制机构本身可以通过将实质性的和纯粹事务性的利益同它的职能结合在一起,从而让自己获得独立的存在。[1] 韦伯特别关注成员的专业化问题,他认为要实现职能部门的专业化,就必须通过培训,让成员的技能素质趋向专业化;还要通过严明的纪律,使成员忽视自身的利益而服务于所处的岗位,这样职能部门就成为非人格化的行动主体,减少了人的非理性因素。而涂尔干则在社会分工理论中,强调分工应实现积极有机的团结,这种团结会让“整体的个性与部分的个性同步发展,因此社会更能采取有效的一致行动”。[2] 换言之,有机团结论特别注重个体利益与整体利益的同向性,这在官僚体制中显然是难以实现的。实践中,不同职能部门也很难协调好自身利益与整体利益。尽管如此,探索这种利益协调机制,让不同利益达到相对均衡则是可能的。

但是,过度重视分工,会导致人们被限制在细枝末节中,而忽略了对全局发展的关键性因素的掌握,最终会导致整体目标的失败。在行政管理方面,它的缺陷尤为明显。各部门只有各自的管理权限和管理功能,由

---

〔1〕 参见[德]马克斯·韦伯:《经济与社会》(上卷),林荣远译,商务印书馆1997年版,第241~251页。

〔2〕 [法]埃米尔·涂尔干:《社会分工论》,渠敬东译,生活·读书·新知三联书店2017年版,第92页。

于机构权限交叉、机构重叠、权责脱节、法律制度不健全、部门内部制约力量不足等因素，部门间的各种保护主义倾向抬头；部门在立法、规划、政策制定、执法等方面只考虑自己的利益，而忽略了全局的利益，这有悖于部门管理体系所希望的分工协作初心，无法使各个部门的职能得到最大限度的发挥，从而降低了部门的整体效能。

2. 协作理论

要想真正实现各部门的有效协作，实现整体政府的最终目标，就应将各个环节各个部门有机联合，通过协作，系统地解决分工带来的分裂问题。[1] 马克思认为，协作是一切社会形态的基础，协作是资本主义生产的起点。马克思清楚地界定了协作："很多人在一个生产过程中，或者在各种相互关联的生产过程中，有系统地共同工作，称为协作。"马克思在这一思想的指导下，从劳动与劳动的物质条件两个层面，对"协作能导致生产资源的节省"进行了较为系统的论述。[2] 马克思《资本论》中提出的"协作创造新生产力"这一著名论断表明，通过劳动分工协作，"不但可以增加个体的生产率，还可以产生一种新的生产力"，即"集体力"。而在集体力量的影响下，个体无论如何努力都无法实现。由此可知，分工和协作之间是相互依赖、相互促进的紧密关系。

从工场手工业的渊源入手，马克思深刻地阐释了劳动与协作之间的紧密联系和重要作用。马克思的研究重点是在特定的阶级体系中的分

---

〔1〕 参见朱玉知：《跨部门合作机制：大部门体制的必要补充》，载《行政与法》2011 年第 10 期。

〔2〕 一部分生产资料，现在是在劳动过程中共同消费的。一方面，商品的交换价值，从而生产资料的交换价值，丝毫不会因为它们的使用价值得到某种更有效的利用而有所增加；另一方面，共同使用的生产资料的规模会增大。……因此大量积聚的并且共同使用的生产资料的价值。一般地说，不会和这些生产资料的规模及其效果成比例地增加……生产资料使用方面的这种节约，只是由于许多人在劳动过程中共同消费它们。即使许多工人只是在空间上集合在一起，并不协同劳动，这种生产资料也不同于单干的独立劳动者或小业主的分散的并且相对地说花费大的生产资料，而取得了社会劳动的条件或劳动的社会条件这种性质。一部分生产资料甚至在劳动过程本身取得这种社会性质以前，就已经取得这种社会性质。参见《资本论》（第 1 卷），人民出版社 2004 年版。

工,即在资本主义生产模式下的工场内部的劳动分工。但是,他从特定的角度总结出职业分工的普遍特征,指出这种共性所产生的分工的重大意义和突出优势,并深刻说明了这种相互促进、密切耦合的有机统一联系。

分工是协作的前提与必要条件,协作是分工的必然结果。分工协作理论并不是分工和协作理论的简单相加,而是立足于"1+1>2"之累加效应所产生的一种新理论。在如今互联网高速发展的今天,协作与分工是相互对立的整体,两者是密不可分的。分工的出现,导致必须依靠协作来协调整体关系,而随着分工的发展,也必然需要与之相适应的协作的动态发展。分工协作理论不仅在经济领域广泛适用,在今天政府体制改革的背景下,其主要理念也深刻影响了行政管理领域中的税收征管问题。在环境保护税的征管中既需要法律上明确规定各参与主体的分工,更应着重于各个参与方的协作需求。环境保护税的征收目标是否能够有效贯彻实施,主要依赖于税务机关和生态环境主管部门之间的分工协作。所以,建立环境保护税的税收协作机制必须以"分工协作"理论为指导。

(二)整体政府治理

社会分工不断细化,导致政府要应对的社会问题与日俱增,进而促使政府职能加速扩张。机构臃肿、效率低下、权能重叠等问题,已成为各国政府普遍遭遇的顽疾。20世纪60年代,英国率先进行大部制改革。受其影响,很多国家也开始精简政府机构。这背后的指导思想则是"新公共管理理论"。该理论倡导职业化管理,主张引入标准化和绩效测量,借助私人部门管理技术,注重资源节约和效率提升。而到了20世纪80年代末,格里·斯托克则进一步提出治理理论:[1]"治理包括:多机构合作伙伴关系,公共和非公共部门责任模糊,参与集体行动的组织之间的权力依赖,自治网络的出现以及新的政府任务和工具的发展。"[2]其实,从上述理论

---

〔1〕 See Gerry Stoker, Governance as Theory: Five Propositions, International Social Science Journal, 2018, 68(227-228).

〔2〕 谌卉珺、叶美霞:《地方推行大部制行政体制改革的进路》,载《重庆社会科学》2018年第2期。

变革中,不难发现一个总体趋势,那就是要把行政组织视为一套管理系统,并通过改革不断对这套系统进行优化和调适,使其达到低成本、高效率的管理目标。而这个过程,则是要变科层制结构为扁平化结构,让决策者与执行者的联系更加紧密。所以,系统优化理论不仅适用于企业管理,同样也适用于政府管理。如何在复杂的决策环境中寻找最优解,都是二者进行制度调整的终极追求。从帕森斯(Parsons)的结构功能主义到卢曼(Luhmann)的社会系统论,都认为社会的存在形式就是各式各样的系统。只不过前者将社会的基本单位设定为行动,而后者则设定为沟通。并且在卢曼眼里,“社会只有作为一个自我指涉和自我描述的系统才能存在”,[1]系统论不只是观察社会的一种分析工具,而且是社会真实存在的描述。基于这种广泛的系统论思维,我们可以认为行政管理组织也构成一个系统,并且在这个大的系统里,还充斥着以任务环境为中心的多个子系统,[2]如环境治理系统、食品药品监管系统、应急管理系统等。

为适应工业革命以来社会和经济发展对行政效能的需求,我国出现了一种基于职业分工、等级划分的行政管理模式。该模式使一个部门、一个岗位只需做一项工作,从而帮助提高工作效率。然而,由于职业分工日益细化,“碎片化”的条块化运营模式造成政府、地方、垂直、各行政层级之间的行政责任的分散和分离。自20世纪80年代起,国内外都发生社会结构逐步分化、公共事务越界、社会利益日趋多元化、矛盾激化等问题,危机管理、环境保护、健康保障等问题层出不穷。人们对科层治理所造成的结构僵化、效率低下、反应迟钝、竞争治理的分散化、分权化等问题进行了深刻的思考,并指出分级分明的行政体制不能真正有效地治理。要想有效地治理和解决这些问题,就必须要打破政府与社会、政府与政府之间、部门与部门之间的边界。英国学者希克斯(Hicks)在《整体政府》等著作

---

〔1〕 杜健荣:《卢曼法社会学理论研究:以法律与社会的关系问题为中心》,法律出版社2012年版,第28页。

〔2〕 参见闫海主编:《税收征收管理的法理与制度》,法律出版社2011年版,第26~32页。

中系统阐述了整体政府和整体治理。[1] 20 世纪 90 年代中期以来,"整体政府"已成为英国、美国等国一些地方政府机构改革的指导思想,推动了政府的现代化。它的价值在于通过对新公共行政理论的反思与修正,构建新的公共服务供给模式,而以"协调""一体化"为核心的"协同"治理模式,可以为我国的公共事业改革提供一定的参考。"网络治理""协同政府""合作政府""横向管理""跨部门合作",都是较大的概念。波利特(Portelli)根据有关文献,认为"整体政府"是一种通过横向、纵向协同的思维和行为来达到预期效益的政府管理方式。整体政府的具体目的是"打破"四个方面:打破各部门的制约,强化协作;打破各种政策的冲突,提升政策效率;打破各种方案间的矛盾,使资源得到最大程度的利用;打破各种服务的重叠,为公众提供无缝的服务。这些目标都体现了一个整体政府的基本逻辑:一个完整的政府,不能依赖于彼此分离的部门架构,也不能期望建立一个新的"超级部门"。

(三)协作系统理论

整体政府是一种通过立体协调的思想以实现预期目标为目的的政府管理模式。协作系统理论即是在公共职能部门不断细化分工、实现整体政府治理的背景下,为在分置组织机构间提供部门间充分沟通与合作提供支撑,并立足于系统化理论而提出的理论。该理论通过设置各管理环节和部门彼此连续一致的政策目标,创造部门间相互强化的效果,从而实现跨部门的有效协作。[2]

巴纳德有"现代管理学之父"的美誉,他提出协作系统理论,对各种组织概念进行了深入的分析。[3] 从组织结构和逻辑上分析,可以看出合作

---

〔1〕 参见王敬波:《面向整体政府的改革与行政主体理论的重塑》,载《中国社会科学》2020 年第 7 期。

〔2〕 参见林蔚:《跨部门合作:环境保护税征管合作机制研究》,载《华南师范大学学报(社会科学版)》2021 年第 4 期。

〔3〕 于一帆:《从巴纳德协作系统理论看政府行政管理的提升》,载《改革与开放》2015 年第 22 期。

与组织之间的理论联系。他的制度组织理论与社会治理创新的价值观念是一致的,能为社会治理的变革提供一定的理论支持。在他的体系结构学说中,所有的组织都是人组成的,但都是协作的组织。不管哪一级的系统,全都包含着三层普遍的要素,即协作意愿、共同目标和信息沟通。“协作意愿”,是指个体为了达成组织目标而相互合作的意愿,即个体的自我约束以及对某些行为的控制。在环境保护税的征管领域涉及的“组织成员”,通常就是税收部门和生态环境主管部门,要达成协作意愿,也就意味着这两个部门要放弃某些行为的控制权。为了维持并增强成员的合作意愿,组织必须给予它们足够的激励,以补偿它们的牺牲,而心理激励则包含了它们的满足感和归属感,从而增强它们的合作意愿。但是很显然,在没有中央政府强制行政命令的情况下,凭空让两个政府部门放弃手中原有的行政权力去达成一定的协作意愿是不现实的。在现代分工思想深度发展的背景下,各个政府部门只会关注自己权力范围内的事项,对不涉及自身利益、不属于自身权力范围的事项的关注度很低。

巴纳德指出,组织体系存在发展的目的是达到一个共同目标,而合作的意愿主要是由是否能够接纳和了解共同目标决定的。成员对共同目标的认识可以划分为协作理解(全局利益观点)和个体理解(个体利益观点),二者常常产生冲突。共同目标只有明确、具体、体现公共利益,才能实现。因此,在税收征管合作方面,其终极目的无疑是协作理解,即总体目标。一方面,该总体目标必须由上级政府将其清楚而顺利地传递到各个主体,以避免因目标模糊、闭合而导致各方认识上的偏差;另一方面,要以动态思维为基础,制订共同的目标,以适应组织成员的需要而发生的变化。在社会治理中,建立一个共同目标是非常关键的;当成员认同并接受共同目标之后,他们就会主动进行协作,并且在管理中发挥着积极作用。巴纳德相信,成员之间的信息交互是所有组织活动的基石,是把共同目标和合作意志联系起来的纽带。他还提出信息交互的基本原则、传播途径要为成员所熟悉,尽量形成习惯和定式;传达的信息应具有权威性,信息传输要直接、快速、连续。这些理论反映了当前我国社会治理中可能存在的诸多弊端，包括信息的不透明、不公开，信息的纵向、横向流动出现停滞、断层等；信息不对称导致社会边缘群体在利益受损的情况下被排斥在社会治理之外。

巴纳德的系统组织理论也可适用于环境保护税征管协作，但并不是机械适用。如果只是单纯将其三个要素平移到环境保护税征管协作上，必然是不合理的。在整体政府的视角下，协作系统理论应当是依据共同目标、协作意愿和信息沟通三层级要素来解决环境保护税征管协作问题。具体而言，第一，上级政府要运用动态思维建立常态化的协作制度，完善环境保护税征管协作的法律法规，制订共同目标，让多个协作部门理解和接受这个目标，通过整体目标的实现来满足各部门的利益需求；第二，通过科学的权责配置，赋予相关部门相应的权力和责任，激发生态环境主管部门的协作积极性，让各部门充分参与协作；第三，建立税收信息共享平台，信息传递透明化、规范化、制度化，并将信息共享平台与税务“四金”系统相结合，及时将涉税信息在两部门间顺畅交互，提高沟通效率，从而提高税收治理能力。在部门专业化程度不断加深的背景下，跨部门合作的需要日益显现。在这种情况下，迫切需要协作系统理论作为指导，去协调各个部门间的合作关系。

从系统协作角度看待环境保护税的征管，无疑涉及多个行政系统的结构性耦合，其中最主要的是环保系统和税收系统的交融。由于环境保护税不同于一般的税种，其具有税的工具属性，但主要目的却不是增加财政收入，而是实施环境保护。我国在进行大部制改革时，通常都会采取合并措施，将同质化的分散性权力集中起来，交由一个部门行使，谁获授权，谁负主责，如监察体制改革。然而环境保护税制则明显不同，其采取了分权模式，将环境保护部门独立负责的排污费征管权变为多部门合作行使的税收权。但是，税务系统与环保系统毕竟分属两个不同系统，结构性的矛盾依然存在，因此对系统问题进行持续的优化处理，是改革面临的现实问题。

四、权责配置理论

《环境保护税法》确立了纳税人申报、生态环境主管部门负责并监测、税务机关征收并由政府统一领导、资源互通、多元共建的税收征管机制。相较于其他税种,环境保护税有其自身的征管特点。环境保护税的征管流程涉及多个主体之间的协作与配合,有合作必然也需要合理的分工,这就涉及相关主体之间权力义务的配置、权责的分配和权力边界确定等问题。以下围绕环境保护税征收管理协作机制中的权责配置,探索多元共治、权责关系以及利益相关者理论对协作中的权责的重要作用。

(一)多元共治理论

1. 多元治理

“多元共治”由“多元”和“共治”两个概念构成,意为“多个主体共同参与治理”,带有治理理论的主张和色彩。治理概念是由世界银行于1989 年首次提出的,这一时期的资本主义国家面对经济增长危机,急需一种新的理论来调整国家角色。1992 年发布的《治理与发展》一文对治理概念进行了系统全面的阐释,治理理论由此诞生。2000 年,俞可平主编的《治理与善治》对治理理论的前期研究成果进行了阶段性的总结,这本论文集的出版可以视为治理理论传入中国的重要标志,此后这一理论在中国学术界快速传播与发展。[1] 时至今日,尽管学界对治理理论的研究已取得诸多成果,但始终未对治理这一概念作出清晰的界定。学者们肯定了治理理论在国家治理中发挥的重要作用,但又承认其内涵的模糊性和内部主张存在的矛盾。学者不断通过赋予其定义的方式而提纯和修补治理理论,基于各自对治理内涵的不同理解,作出了说法不一的界定。[2] 罗伯特·罗茨(Robert Rhodes)将治理定义为在公共事务治理的过程中未得到正式授权却有效发挥作用的管理行为;认为治理活动的行为主体根

---

〔1〕 参见郁建兴、黄红华:《2006 年中国公共管理研究前沿报告》,载《中共宁波市委党校学报》2007 年第 3 期。

〔2〕 参见柳亦博:《治理理论的“视差”:术道分离与术道合一》,载《探索与争鸣》2021 年第 11 期。

据其共同的目标而行动。他还列举自组织网络的治理范式、公司经营的治理范式、善治的治理范式等概念。[1] 罗茨等学者将治理理论从经济以及经济管理等领域引入国家管理、社会管理等领域进行研究。作为治理思想的代表人物格里·斯托克提出治理理论的五项要义:第一,政府不是唯一的公共治理机构,治理行为出自政府但又不限于政府。第二,在治理的过程中,存在多元主体之间的责任和界限模糊的问题;这些主体应当明确自己的责任和界限,通过建立明确的责任机制来避免责任不清等原因引发的问题与冲突。第三,治理明确肯定了存在于各个社会公共机构之间的权力依赖关系,这些机构都对集体行为有所涉及。第四,治理强调的是行为者网络的自主自治,其最终目的是参与者形成一个区别于传统管理模式的治理网络。各参与主体在这一网络中通过协调各方利益,提供各自所掌握的资源和技能,联合资源,互相协作,以实现共同的治理目标。第五,治理不局限于政府的传统治理模式,而要求引入新的方法和技术手段进行操控和引导。[2] 这五项要义的提出实际上是对国家和社会关系的调整,政府之外的多个主体的力量被重视起来。1995 年发表的《我们的全球伙伴关系》对"治理"这一概念作出了较为权威的定义,[3]"治理"就是指由各种机构与个人对共同事务进行管理的多种方式的总和,从而调和冲突与不同利益关系。[4] 治理理论的核心是由多元主体参与公共事务的治理。[5] 在治理理论的基础上,美国行政学家奥斯特罗姆夫妇(the Ostroms)提出了多中心理论。多中心理论将"多中心"运用到公共事

---

〔1〕 参见萧鸣政、张博:《中西方国家治理评价指标体系的分析与比较》,载《行政论坛》2017 年第 1 期。

〔2〕 参见[英]格里·斯托克:《作为理论的治理:五个论点》,华夏风译,载《国际社会科学杂志(中文版)》1999 年第 1 期。

〔3〕 参见时家贤:《治理、政府治理与中国推进政府治理的必然性》,载周浩波主编:《当代中国马克思主义评论》第 2 辑,社会科学文献出版社 2018 年版,第 13 ~22 页。

〔4〕 参见全球治理委员会:《我们的全球伙伴关系》,牛津大学出版社 1995 年版。

〔5〕 参见王乐芝、柏琳木:《治理理论视角下中国公共危机管理主体的多元化》,载《吉林广播电视大学学报》2007 年第 5 期。

务治理中,打破了传统以政府为中心的单中心治理格局,[1]将多个主体参与公共事务治理的逻辑进行科学系统的阐述。正是因为多中心治理理论所具备的"多元"与"协同"的属性,该理论被认为是多元共治的理论源泉。

多元共治理论围绕政府、社会与市场之间的关系,通过对政府与市场角色的重新定位,以期达到社会秩序可持续稳定发展和公共利益最大化的目标,实现多元主体共同参与治理的协调。[2] 多元共治各主体之间彼此相互独立,相互联系,发挥各自优势,构建起一个由政府与社会等多个主体共同参与其中的"多元共治模式"。这一治理模式,并非简单的多个主体共同治理,而是将社会作为一个开放的网络空间,明确参与治理的政府、社会、企业与公民等多个主体之间权、责、利的边界,赋予各主体一定的权力,承担相应的责任,实现各主体的权责一致,满足多元化利益诉求。[3]

《环境保护税法》将大气污染物、水污染物、固体废物和噪声四类界定为征税对象。由于采用污染物排放量超标计征的方式,因此需要环境专业技术人员和污染源自动监控专业设备进行监测,从而确定污染当量数和超标分贝数,以此作为征税的基础。[4] 征税对象的特殊性,对税务机关的环境保护税的征管工作提出了挑战,而生态环境主管部门在污染监测工作方面具有较强的专业性和技术性,且在征收排污费的工作中积累了经验和技术。在这样的现实条件下,生态环境主管部门与税务机关的沟通协调与协作配合尤为重要。"多元共治"征管模式下的环境保护税征管把多元主体引入,将多主体治理与协作治理相结合,整合资源和管理力量,优化管理流程,提高治理效率,形成部门间协同治理效应。主体的多

---

〔1〕 参见刘俊英:《区块链技术之于社会治理创新的影响分析——基于多中心治理理论的视角》,载《社会科学战线》2021 年第 6 期。

〔2〕 参见牛惊雷、朱伟达:《治理理论视角下我国反恐治理体系构建的思考》,载《公安学刊(浙江警察学院学报)》2021 年第 6 期。

〔3〕 参见陈晓春、肖雪:《共建共治共享:中国城乡社区治理的理论逻辑与创新路径》,载《湖湘论坛》2018 年第 6 期。

〔4〕 参见李旭亮:《浅析中国开征环境保护税征管困境》,载《纳税》2017 年第 3 期。

元化意味着利益需求的多元化,各主体之间容易出现“利益博弈”等问题。因此,须明确多元治理主体各方权责,厘清权责边界,[1]完善相关追责机制,采取相关激励措施,发挥多元主体间的协同治理效应,提高环境保护税征管效率。

2. 责任政府

伴随人类社会发展而来的是逐渐暴露出来的社会公共问题,这对政府的权威性提出了新的挑战。在这样的情形下,政府所承担的责任愈加沉重,负责任和有能力的政府亟须建立起来。[2] 近代学者基于对社会契约论、人民主权论等理论的研究提出“责任政府”这一概念。

社会契约论源远流长,早在古希腊时期就存在社会契约论的身影,荷兰思想家胡果·格劳秀斯实现了从古代契约理论到现代契约理论的转变。社会契约论经过英国思想家托马斯·霍布斯、约翰·洛克和法国政治思想家让-雅克·卢梭等人的论证,逐步得到发展和完善。他们都探讨了公民与政府的关系以及权利让渡的形式和总量等问题,认为国家和政府起源于人们之间的契约,其产生与存在出于保障和实现个人利益的目的,政府在行使权力时有保护公民生命、财产与自由的责任,公民也具有要求政府承担相应责任的权利。人民主权论作为社会契约论的核心,是对其实质性的彻底表述。人民主权的概念可以追溯到古希腊时期,这一时期全体公民参与政治,集体掌握国家最高权力,是人民主权理论的萌芽时期。在文艺复兴和资产阶级革命的背景下,近代主权论和社会契约论等理论的提出,推动了人民主权论的形成与发展。卢梭在公意的基础上对人民主权理论进行了系统的论述,并将这一理论推向了巅峰。公意是指全体人民的公共意志,强调公共的利益,是所有人真实意思表达之后,协调个人意志的分歧与冲突而实现的所有意志的统一。主权是对公

---

〔1〕 参见王帆宇:《生态环境合作治理:生发逻辑、主体权责和实现机制》,载《中国矿业大学学报(社会科学版)》2021 年第 3 期。

〔2〕 参见孙华琪:《构建责任政府的理论探析》,载《法制与社会》2011 年第 24 期。

意的执行,公意事关全民的公共利益,所以人人都是主权者,主权由人民掌握。卢梭的人民主权论主要表达了政府的权力来源人民,政府行使权力要肩负起一定的职责和义务,遵循权责相一致的原则,对全体人民的共同意志负责。

社会契约论与人民主权论提出了一种基于直接民主制的责任政府构建思想,人民权力的让渡给予政府以人民的"公意"行使公共权力进行社会治理的机会。张成福教授将责任政府解释为现代民主政治时代的基本价值理念,他指出政府必须回应社会和民众的基本要求并采取积极行动,应当积极履行其社会义务和职责。[1] 从一系列的阐述中可以得出,责任政府就是有责任能力的政府在行使社会管理职能的过程中,使公共权力的行使符合人民的公意与利益,直接或间接地就自己的行为对人民负责的制度安排。[2] 在责任政府制度框架下,政府及其工作人员应依法承担法律责任,实现权力与责任的统一。政府若未妥善履行职责,侵害人民的权利,则将受到责任追究,承担相应的后果。

责任政府理论中的责任主体主要是政府部门及其工作人员。环境保护税作为第一个跨部门协作征收管理的税种,需要税务机关作为征管主体与生态环境主管部门、其他部门共同参与征管协作。从税务机关的角度而言,针对环境保护税这一较为特殊的征收方式,我国现有的税收征管存在缺少环境保护专业人员,税源监控能力不足,体制机制不够完善,事前稽查和事后处罚力度不够等问题。就生态环境主管部门角度而言,现行的税收征管体制不利于生态环境主管部门开展协作,导致其配合征税的积极性不高。排污费改税之后,生态环境主管部门的权力缩减,义务扩大,权力与义务不对等,这严重影响了生态环境主管部门的工作热情,给环境保护税的征管增添了困难,导致难以达到征收环境保护税调节经济

---

〔1〕 参见张成福:《责任政府论》,载《中国人民大学学报》2000 年第 2 期。

〔2〕 参见石智刚:《责任政府构建中的特色民主理论植入分析》,载《科技创业月刊》2011 年第 16 期。

的目标，环境保护目标难以实现。在责任政府理论的支持下，环境保护税征管协作应该明确税务机关征管主体的法律地位，生态环境主管部门负责监测和提供环保信息的协作配合定位。应根据《环境保护税法》《税收征收管理法》等相关法律、法规和制度规定，明确岗位职责，完善征管操作规程，规范税务系统执法行为。责任政府理论主张，通过建立内部考核结合外部评议的监督方式和过错责任追究制，对环境保护税征收管理的全流程全方位进行监督与反馈，规范环境保护税征管协作责任，以保障环境保护税协作征管效率的提高。

（二）权责关系理论

权责关系就是权力与责任的关系，权力是指政府权力，责任是指政府责任。政府责任由积极责任和消极责任组成。积极责任是出于履行维护公共利益的原始责任而产生的，消极责任则是由于权力使用不当而面临的法律责任。政府的权力与责任是有机的统一整体，目前有关权责关系的研究主要集中在政府权力配置以及相应的责任承担。早在古希腊时期就有学者对权责关系展开了探讨，这一时期以柏拉图和亚里士多德为代表，他们将权责关系置于道德约束之下，权力与责任之间的联系并不紧密。随着理论界的研究不断深入，学者们对权责关系又有了新的认识。托马斯·伍德罗·威尔逊（Thomas Woodrow Wilson）与弗兰克·约翰逊·古德诺（Frank Johnson Goodnow）在政治与行政二分法系统理论中都对权力与责任的关系进行过探讨，他们主张通过集权的方式改变政府行政权力和责任分散的状态。亨利·法约尔（Henri Fayol）在其著作《工业管理与一般管理》有关组织管理过程的研究中对权力与责任进行了分析，他强调有权力就必定有责任，二者紧密相连。怀特·伦纳德（White Leonard）对行政权责配置的研究更为深入，在其《行政学导论》一书中明确论及权力与责任的问题，指出政府行政效率是以权责的适当分配为基础的。另外，怀特还列举了致使权责关系模糊的影响因素：责任模糊、缺乏明确的责任体系、行政职责分配不当、职责交叉以及权责扩散引发的权责关系混乱等。他认为，可以根据现实情况将具有同一目标的行政事务、权力与责任划归同一部门,以权责分配与行政任务、部门和人员等级一致的方式对行政权责进行合理配置。林德尔·厄威克(Lyndall F. Urwick)在对古典管理原则系统化的研究中论述了权责相符的原则,即有权必有责,权力与责任应相符。[1] 他指出在对权责关系的规范中,要遵循明晰各种职责界限的明确性原则,组织内每一成员都应明确了解各自职责,并以书面形式进行确定。国内学术界对于权力与责任的研究以林尚立教授、吴兴智教授等人为代表,主要集中在权责一致以及权责不一致所带来的结果等方面。林尚立教授在《政府改革:责任、能力与绩效》一文中将责任、能力与绩效引入政府治理中,指出政府职能配置受到能力和绩效的影响和制约,中国政府改革涉及政府之间、政府部门之间等多个主体之间的关系,以及机构与功能、理念与行动的关系。[2] 吴兴智教授指出,权责的非对称性将会导致有权无责者滥用权力以及有责无权者寻求非正式的行为渠道以规避责任。[3]

伴随治理时代的到来,权责一致也面临更多挑战,有必要构建新型权责关系,清晰认识新形势下的主体关系变化、利益分配格局变化以及将面临的优势与挑战。在多元权力主体共同参与治理的背景下,责任的分散、多元模糊了多个主体之间的权责界限,也增加了责任追究难度。应重视政府治理责任的作用,发挥其积极引导作用、实现多元主体的最大功效;最大程度激发各主体承担责任的主动性,增强权力主体的责任意识,不仅使其从思想上充分认识到积极承担责任在共同治理行为中的重要意义,更在行动中贯彻对责任的承诺。

《环境保护税法》作为一部税收单行法,其征税主体当然是税务机关。

---

〔1〕 参见邓伟平:《论林德尔·厄威克对古典管理学理论的贡献》,载《中山大学学报论丛》2004 年第 1 期。

〔2〕 参见林尚立:《政府改革:责任、能力与绩效》,载《上海大学学报(社会科学版)》2007 年第 3 期。

〔3〕 参见吴兴智:《美国政府结果导向行政改革评析——一种权力分析学的视角》,载《云南行政学院学报》2007 年第 6 期。

但该法按照“企业申报、税务征收、环保监测、信息共享”的原则进行设计，突出了生态环境主管部门的职责和义务。如此安排，正是基于环境保护税征收的复杂性设定的。由于环境保护税的计税依据是应税污染的污染当量、排放量和分贝数，其以环境保护为首要目的，财政收入为次要目的，[1]所以，征税过程有明显的技术性质，这对以会计核算为业务基础的税务机关来讲，无疑是个挑战。出于此种考虑，环境保护税立法特别强调生态环境主管部门对税务机关的协调配合。其实不止于此，地方在制定实施细则时，都对横向的部门协作机制给予厚望，除了生态环境主管部门外，还要求其他部门积极参与。因此，从权责配置角度来看，有多大权力，就应该承担多大责任。权力过大，责任过小，容易导致行政权的扩张和泛滥；权力过小，责任过大，又容易打击行政部门的积极性和担当性。环境保护税改革，对生态环境主管部门和税务机关的职能冲击最大，随之而来的就是对二者的法律责任进行划分，否则，将影响各自的权能发挥。

（三）利益相关者理论

利益是社会关系的一种表现，它是主体需要和客体属性及功能的对立统一。[2] 利益离不开这一特定的现实关系。利益相关者理论最早由一位电气公司经理人提出，其后这一理论在斯坦福研究中心的一篇论文中被明确提出，论文指出利益相关者的支持对组织的生存具有关键性作用。[3] 关于这一概念，最具代表性的是美国学者爱德华·弗里曼（R. Edward Freeman），他将利益相关者看作能够对组织目标产生影响的个体和群体。[4] 这一界定将与企业活动有直接或间接影响的主体都视作利益相关者。利益相关者理论虽然属于经济领域，但在政府治理领域中发

---

〔1〕 参见叶金育、褚睿刚：《环境税立法目的：从形式诉求到实质要义》，载《法律科学》2017 年第 1 期。

〔2〕 参见高岸起：《利益的主体性》，人民出版社 2008 年版，第 25 页。

〔3〕 参见张瑞军：《利益相关者视域下社会主体参与现代学徒制研究》，载《上海教育评估研究》2021 年第 6 期。

〔4〕 参见王唤明、江若尘：《利益相关者理论综述研究》，载《经济问题探索》2007 年第 4 期。

挥了重要意义,为政府治理提供了新的思考方式。毋庸置疑,在环境污染治理的过程中,政府、排污企业、社会团体以及公众的利益协调有助于最大限度提升治理效率,实现环境治理目标。

将利益相关者理论引入环境保护税征收管理中分析的主要原因是:第一,环境保护税的征管过程中涉及多个主体的参与。各主体之间的目标不同,这些主体在实现各自目标利益的过程中会发生利益的冲突,往往更多时候这些目标和利益之间是相互冲突的、难以协调的和动态变化的,而利益相关者理论在多元主体参与的过程中发挥破解利益之间冲突、协调各方利益的作用。第二,多个利益相关者承担起相应的责任,才能更好地实现环境保护税征管协作的目标。将这一理论适用于环境保护税征收管理中,考虑环境保护税征管主体的权责配置及利益分配,有利于构建不同利益相关者共同参与征管协作的税收征纳关系,以推动环境保护税征管政策落地实施,促进环境生态目标实现。

第五章　环境保护税征管协作制度

随着我国经济活动日趋复杂，税源结构也逐渐多元，税收征管技术性和多领域交叉性也在不断提高。交叉协作已经成为税收征管工作重要发展趋向，特别是在依法治税总目标下，税费改革的进程逐步加快，税务机关将与更多的专业行政管理部门开展系统深入的交叉协作，因此产生的征管协作的需要更加频繁。2018 年环境保护税开征，该税种需要生态环境主管部门与税务机关高度交叉协作，其征管不是部门间简单的信息共享和传递，而涉及“纳税人界定—税款征收—税务稽查”等税收征管所有环节的协作机制。因此，环境保护税的征收不仅对协作部门提出了系统而具体的要求，也对税收征管制度提出了新的挑战。目前，我国《税收征收管理法》《环境保护税法》对征管协作制度作出了顶层设计，地方也围绕环境保护税征管协作开展了多种形式的制度探索，但现行税收征管法律未对协作制度作出系统性、可操作性的回应，这导致税收实践中客观协作的需要与法律滞后之间的矛盾日益凸显。

一、环境保护税征管协作制度体系现状

学界普遍认为,征税权需要受到税收法定原则的根本限制以保障纳税人基本权益,[1]税收法定原则包括税收要素法定、征税程序合法。环境保护税的征收在税收法定原则的指导下,通过法律形式明确环境保护税征收的对象、税率、征收程序等。在环境保护税征管程序方面,税收法律同样对部门协作作出制度设计。例如,《税收征收管理法》作为税收征管领域基本程序法,提出建立健全信息共享制度;《环境保护税法》则提出建立涉税信息共享平台和工作配合机制。另外,《环境保护税法》还对《税收征收管理法》中尚显粗疏、可操作性不强的内容进行了细化。在现行征管法框架下,中央部委如生态环境部、国家税务总局等发布了征管协作配套政策,地方政府及相关部门就如何推进环境保护税征管协作开展诸多尝试,出台了一系列保障立法或规范性文件。

(一)《税收征收管理法》中的协作规范

在税收征收管理中所涉及的跨部门协作发生于税款的征管环节,所涉主体为税务行政机关和其他与征税业务有关的行政机关,这期间所产生的协作关系应当由税收征管制度规范。在税法领域,我国虽然没有明确的实体法与程序法的划分,但是《税收征收管理法》却一直被视为税收征管领域的程序基本法,因而通过该法中关于征管协作的规定,便可以提纲挈领地认识现行税收征管协作规范的大概样貌。

从时间跨度上看,1992 年颁布的《税收征收管理法》,分别于 1995 年 2 月、2001 年 4 月、2013 年 6 月以及 2015 年 4 月进行了四次修改。在这四次修改中,第一次修改属于小修,仅对增值税的账簿凭证管理进行了一定的修改。第二次修改则属于大修,范围以及影响都比较大,不仅对总则进行了修改,又对分则中相关的细节进行了重新规范和设定。总则中对《税

---

〔1〕 参见刘剑文、赵菁:《高质量立法导向下的税收法定重申》,载《法学杂志》2021 年第 8 期。

收征收管理法》的立法目的重新进行了确定,分则中对税务管理做了大范围的改动,不仅包括税务登记、纳税申报这些税款征收的前置性程序,也包括具体的税款征收和税务检查等后续税款管理的环节,法律责任部分也做了更加详细的规定。而此后的两次修改,都属于小修小补,主要对税务登记和税款征收的两条规定进行了改动,基本上没有发生实质性的变动。从这四次改动可以明显看出,《税收征收管理法》发布以来虽然经历了四次修改,但与税收征管协作相关的修改鲜有涉及。《税收征收管理法》的四次修改中仅涉及部分协作内容,一是 2001 年修订稿的第 5 条、第 15 条,前者规定对于税务机关的工作,地方各级政府要支持和协调;后者则是指出在税务登记环节,工商行政部门需要定期将工商登记信息通报给税务机关,实现信息的初步共享。二是 2013 年修正稿中的第 15 条,再次对税务登记环节中工商行政部门应该提供的协助作出规定。然而,这两次修改对这些协作的规定也仅是原则性规定,并未对协作相关的具体程序和事项进行规范。而自 2013 年至今已九年有余,在依法治税的总目标下,税收征管协作实践的程度和范围都有相当大程度的加深和扩大,相对于征管实践而言,目前《税收征收管理法》中关于征管协作的规定无疑是比较滞后的。

现行《税收征收管理法》就征收管理来说,无论是税务登记、税务管理,还是之后的税务稽查等,都作出了详细的规定,但对于税收征管过程中的协作,只在总则中用了"应当支持、协助税务机关依法履职""建立健全信息共享制度"两句话来概括涉及。之后分则中的税务征收、税款征收、税务检查等环节以及法律责任部分对于税收征管协作并未作出相应的规定。《税收征收管理法实施细则》进一步细化了税收征管协作信息共享制度,提出地方各级政府应保障税务信息平台建设,组织各部门进行涉税信息共享。但实施细则仍未对如何实现征管协作、协作流程如何进行作出回应。相比税收征管中的其他环节,如税务登记,其规范样式为"征管法原则规定"加上"实施细则中具体操作规定",在《税收征收管理法》中,应专设一节指明税务登记的主体及申请变更注销登记的主要环节，在其实施细则当中指明税务登记各个环节应当适用的期间以及相应的操作程序。[1] 由此对比可以看出，现行的《税收征收管理法》相当简略且缺乏可操作性，且其实施细则并未提及征管协作。

环境保护税的征收程序首先是在《税收征收管理法》的指导下进行，征管行为应遵循《税收征收管理法》的相关规定。通过分析现行《税收征收管理法》在协作征收方面的规定，可知对于环境保护税如何进行征管协作，其仅能给予原则性指导，如其他部门要"支持、协助税务机关依法执行职务""建立健全信息共享制度"等，并未作出具体可操作的规定。

（二）《环境保护税法》中的协作规范

由于我国的税种法采取的是实体与程序相结合的立法模式，所以在《环境保护税法》这部单行税种法中，征管协作、涉税信息共享等程序性规定亦有体现。《环境保护税法》第 14 条、第 15 条提出建立分工协作工作机制，税务机关需将纳税人申报信息、税款入库情况、税收征管过程中的风险疑点等环境保护税涉税信息定期移交给生态环境主管部门。《环境保护税法实施条例》对《税收征收管理法》及《环境保护税法》中规定的税收征管协作进行了细化和补充，增强了可操作性。《环境保护税法实施条例》第 12 条明确了税务机关与生态环境主管部门的职责，第14～16条则对如何建设涉税信息共享平台以及通过涉税信息共享平台交换信息进行规定。《环境保护税法》与《环境保护税法实施条例》协作内容法条梳理如表 5－1 所示。

---

〔1〕 参见张希栋：《环境保护税协同征收须健全征管协作机制》，载《环境经济》2021年第 15 期。

表5－1　环境保护税法协作内容

规范名称	协作内容	法律依据
环境保护税法	建立分工协作工作机制	第十四条　环境保护税由税务机关依照《中华人民共和国税收征收管理法》和本法的有关规定征收管理。生态环境主管部门依照本法和有关环境保护法律法规的规定负责对污染物的监测管理。县级以上地方人民政府应当建立税务机关、生态环境主管部门和其他相关单位分工协作工作机制,加强环境保护税征收管理,保障税款及时足额入库。
	建立涉税信息共享平台和工作配合机制	第十五条　生态环境主管部门和税务机关应当建立涉税信息共享平台和工作配合机制。生态环境主管部门应当将排污单位的排污许可、污染物排放数据、环境违法和受行政处罚情况等环境保护相关信息,定期交送税务机关。税务机关应当将纳税人的纳税申报、税款入库、减免税额、欠缴税款以及风险疑点等环境保护税涉税信息,定期交送生态环境主管部门。
环境保护税法实施条例	明确税务机关与生态环境主管部门的职责	第十二条　税务机关依法履行环境保护税纳税申报受理、涉税信息比对、组织税款入库等职责。环境保护主管部门依法负责应税污染物监测管理,制定和完善污染物监测规范。
	制定涉税信息共享平台技术标准及规范	第十四条　国务院税务、环境保护主管部门制定涉税信息共享平台技术标准以及数据采集、存储、传输、查询和使用规范。
	明确生态环境主管部门通过涉税信息共享平台向税务机关交送的信息	第十五条　环境保护主管部门应当通过涉税信息共享平台向税务机关交送在环境保护监督管理中获取的下列信息: (一)排污单位的名称、统一社会信用代码以及污染物排放口、排放污染物种类等基本信息; (二)排污单位的污染物排放数据(包括污染物排放量以及大气污染物、水污染物的浓度值等数据); (三)排污单位环境违法和受行政处罚情况; (四)对税务机关提请复核的纳税人的纳税申报数据资料异常或者纳税人未按照规定期限办理纳税申报的复核意见; (五)与税务机关商定交送的其他信息。

续表

规范名称	协作内容	法律依据
	明确税务机关通过涉税信息共享平台向生态环境主管部门交送的信息	第十六条　税务机关应当通过涉税信息共享平台向环境保护主管部门交送下列环境保护税涉税信息： （一）纳税人基本信息； （二）纳税申报信息； （三）税款入库、减免税额、欠缴税款以及风险疑点等信息； （四）纳税人涉税违法和受行政处罚情况； （五）纳税人的纳税申报数据资料异常或者纳税人未按照规定期限办理纳税申报的信息； （六）与环境保护主管部门商定交送的其他信息。

从表5－1可以看出，在环境保护税征管领域中，征管环节需要的协作非严格以“协作”字眼出现，除“协作”外，更多表现为“支持”“协助”“配合”等，虽然有差别，但都是为了环境保护税征管顺利实现，应当也属于“协作”的范围。与《税收征收管理法》中关于征管协作的规定相比，《环境保护税法》及其实施条例中的具体条文虽然仍未指明协作的具体方式和程序，但是对于生态环境主管部门等协作主体的具体职责以及如何共建信息共享平台、信息共享平台传输哪些信息都予以明确，两部门之间协作更多涉及的是相关信息资料的共享与传递。而相比税收征管中其他具有明确规定的环节，如税收申报环节，征管协作原则性的规定在实践过程中依然难以落地，这使征管协作方式无章可循，协作不力亦追责无据。

（三）税收保障制度中的协作规范

为实现税收治理体系和治理能力现代化，回应税收实践对税收治理提出的挑战，应对日益复杂化、专门化的税源结构，[1]税收保障制度自

〔1〕参见郭志东：《法律、治理与制度创新——以地方性税收保障立法为中心的讨论》，载李曙光主编：《法大研究生》2018年第1辑，中国政法大学出版社2018年版，第356～374页。

2003 年在全国范围内渐次展开,至今地方省级层面、市级层面出台的税收保障条例或税收保障办法已多达 50 多部。税收保障制度的内容包含多方面的内容,如税收管理、税收协助、税收服务、税收监督等。地方依据《税收征收管理法》第 5 条[1]并结合本地区税收征管实际制定税收保障制度。在税收征管协助、涉税信息共享方面,各地方以多种形式税收保障制度进行引导和规范,具体内容如表 5-2 所示。

表 5-2 税收保障制度中的协作内容

层级	规范名称	发布时间	法条分析	具体条款
法律	税收征收管理法	1992 年 9 月 4 日	各有关部门和单位应当支持、协助税务机关依法执行职务。	第五条
地方性法规	海南省税收保障条例	2015 年 7 月 31 日	组织建立全省涉税信息交换平台;省人民政府及其有关部门应当在资金、技术等方面支持涉税信息交换平台建设。 有关部门和单位无法通过信息交换平台向税务机关提供涉税信息的,应当与同级税务机关商定交换方式或者提供公开查询渠道。	第七条 第九条
	江西省税收保障条例	2016 年 7 月 28 日	人民法院、人民银行、银行监管、证券监管、保险监管、海关、出入境检验检疫、烟草、电力等单位应当按照各自职责,做好税收保障有关协助工作。县级以上人民政府应当建立和完善综合治税信息平台,健全相关部门之间的涉税信息交换和共享制度,实现全省涉税信息互联互通。	第四条 第十三条

[1] 《税收征收管理法》第 5 条第 2 款、第 3 款规定:"地方各级人民政府应当依法加强对本行政区域内税收征收管理工作的领导或者协调,支持税务机关依法执行职务,依照法定税率计算税额,依法征收税款。各有关部门和单位应当支持、协助税务机关依法执行职务。"

续表

层级	规范名称	发布时间	法条分析	具体条款
地方性法规	黑龙江省税收保障条例	2017 年 4 月 7 日	省人民政府应当建立全省统一的涉税信息交换平台,实现全省涉税信息的交换和共享。涉税信息交换平台的建设和管理,包括涉税信息的主体、提供方式、内容、时限等,由省人民政府制定具体实施办法,并根据经济和社会发展情况适时调整。无法通过涉税信息交换平台提供涉税信息或者已在其他平台公布涉税信息的,有关部门和单位应当与同级税务机关和财政部门商定交换或者共享的方式。	第五条 第七条
	广西壮族自治区税收保障条例	2017 年 7 月 28 日	县级以上人民政府应当加强税收保障工作的领导,建立健全税收保障工作机制,组织协调有关部门和单位落实税收保障措施,完善税收保障考核制度,按照财政管理体制保障税收工作经费。 有关国家机关应当履行下列税收协助义务:向税务机关提供掌握的与税收征收管理有关的信息;配合税务机关进行税源管控,防止税收流失;支持、协助税务机关依法实施税款征收、税收检查、税收强制措施或者强制执行等。 健全税务机关与其他有关部门和单位的涉税信息共享制度和信息共享平台。	第四条 第十四条 第十五条
	山东省税收保障条例	2022 年 3 月 30 日	税务机关依法履行职责时,有关部门和单位应当予以支持、协助; 税务机关应当会同有关部门和单位,建立联合执法机制,健全税收违法查处体系,及时查处税收违法行为。有关部门和单位在履行职责过程中发现纳税人存在税收违法行为的,应当及时通知税务机关; 县级以上人民政府应当加强对涉税信息共享工作的领导,将税收信息化建设纳入数字政府建设规划,依托省一体化大数据平台实现跨部门涉税信息共享。	第十四条 第十五条 第二十六条

续表

层级	规范名称	发布时间	法条分析	具体条款
地方政府规章	福建省税收保障办法	2013 年 9 月 4 日	省级税务机关依托福建省政务信息共享平台建立福建省涉税信息交换平台，并与其他有关部门以及设区市、县(市、区)的信息平台实现互联共享。税务机关需要的但无法通过福建省涉税信息交换平台交换的涉税信息，有关部门、单位应当按照本办法的规定向税务机关提供。	第十一条 第十三条
	辽宁省税收征管保障办法	2014 年 7 月 11 日	省、市、县人民政府有关部门应当履行涉税行政协助义务。因协助事项产生的涉税信息，有关部门应当按照与同级税务机关商定的时间和方式予以提供；市、县人民政府应当建立税收征管保障信息平台。	第七条 第八条
	河北省税收征管保障办法	2015 年 11 月 12 日	税务机关应当根据税收征管保障工作的需要，从有关部门和单位获取涉税信息和数据，建立税收风险管理系统，开展数据分析、纳税评估、风险监控等税收征管工作。 涉税信息和数据应当通过政务信息资源交换共享平台提供给税务机关，不具备通过交换共享平台提供条件的，应当通过其他方式向税务机关提供。 省税务机关应当会同省人民政府财政部门，按照第六条所列涉税信息和数据，制定全省统一的涉税信息和数据交换共享基本目录，明确提供单位和提供方式。	第五条 第七条 第八条
	重庆市税收征管保障办法	2017 年 9 月 8 日	市税务机关应当依托重庆市社会公共信息资源共享交换平台，建立全市统一的涉税信息交换平台和共享机制，实现涉税信息互联互通。市、区县(自治县)人民政府有关行政主管部门应当履行涉税行政协助义务。	第十一条 第十二条

续表

层级	规范名称	发布时间	法条分析	具体条款
地方政府规章	云南省税收征管保障办法	2022 年 3 月 27 日	税务机关要求县级以上政府有关部门、单位协助其税收征收管理的，应当提前告知有关部门、单位协助内容；有关部门、单位应当在自身职责范围内依法协助税务机关做好税收征管工作，并积极协助开展税收执法。 县级以上政府应当建立健全涉税信息交换制度，加强税收保障信息化建设，建立税收保障信息平台，组织有关部门、单位实现涉税信息交换。	第九条 第十一条
	江苏省税费征管保障办法	2023 年 1 月 1 日	税务机关应当会同有关部门建立健全涉税费信息共享交换机制，依托政务数据共享交换平台，推进涉税费信息资源共享共用。有关部门应当按照规定定期向税务机关提供涉税费信息。	第十九条 第二十二条
其他规范性文件	固原市人民政府关于进一步加强部门协作促进税收征管工作的意见	2011 年 3 月 4 日	由税务部门牵头，建立与同级财政、土地、房管、车辆管理等部门的联系协调制度，定期召开联席会议，互通情况，协商解决问题。	第一条
	淮北市税收征管协作办法	2011 年 4 月 25 日	市政府成立税收征管协作工作领导小组，建立淮北市税收征管协作联席会议制度。税收征管协作是指在市政府统一组织、协调和指导下，建立以“政府牵头、财税主管、部门配合、信息共享”为主要特征和基本内涵的税收征管协作新机制，充分发挥社会各界在税收征管中的积极作用，加强税源监控管理，逐步形成政府依法管税、财税部门依法征税、纳税人依法纳税、社会各界协作护税的新格局。本办法所称税务机关是指国家税务机关、地方税务机关。负责征收契税、耕地占用税的财政机关参照税务机关的相关规定执行。	第二条 第五条

续表

层级	规范名称	发布时间	法条分析	具体条款
其他规范性文件	楚雄州人民政府关于完善涉税信息共享机制强化税收征管协作工作的意见	2016 年 4 月 30 日	建立涉税信息定期交换和税收征管协作制度。有关部门应当依法履行涉税行政协助义务,提供或协助查询因某些事项产生的涉税信息和数据。	第二条
	西安市税收保障条例	2021 年 1 月 18 日	建立健全工作机制,组织、协调有关部门和单位支持、协助税务机关依法履行职责。 市财政部门应当建立和完善全市统一的税收保障网络信息平台,实现信息交换和共享。	第四条 第十二条

由表 5－2 可知,随着实践中各地方对税收征管协作的现实需求,地方陆续出台了多种形式的税收保障制度,内容涉及诸多方面、层次和领域,其中税收协助、涉税信息共享是各地方税务征管活动共同关切的内容。地方政府出于立法技术的考量,在地方性税收保障立法制定过程中,将税收协助制度专设条款或章节,从而涵盖涉税信息共享等各种类型的政府部门之间的行政协助行为。[1] 例如,早在 2011 年,福州市政府就在《福州市地方税收保障实施办法》中规定,对于福州市的地方税收要做好保障工作,在税收协作工作中,由政府主导,税务机关主管税收工作,其他部门积极参与和配合,并且采用专章的方式对税收协助进行了规定。又如,2018 年 1 月实施的《山西省税收保障办法》直接指出税收保障应当遵循部门协作的原则,并对具体的信息协作机制的建立提出了明确具体的要求。再如,2017 年 10 月实施的《广西壮族自治区税收保障条例》明确

〔1〕 参见郭志东:《法律、治理与制度创新——以地方性税收保障立法为中心的讨论》,载李曙光主编:《法大研究生》2018 年第 1 辑,中国政法大学出版社 2018 年版,第 356～374 页。

国家机关应当履行税收协助义务，建立涉税信息共享平台、健全涉税信息共享制度等。环境保护税征管最终要靠地方实质性推进，因此地方保障立法中关于税收征管协作制度的相关规定同样适用于指导环境保护税征管协作机制的建立，特别是关于如何建设涉税信息共享平台以及征管协作程序如何完善等。

（四）环境保护税征管协作的地方规范

因国家层面环境保护税协作征管法律制度体系化建设不足，法律中仅有对征管协作的原则性表述，所以在环境保护税的征管实践中，多是依靠地方各级政府通过规范性文件等形式进行落实和推进。《环境保护税法》颁布实施前后，地方政府围绕环境保护税征管协作进行了不同形式和程度的制度探索，具体表现为地方出台数量繁多的规范性文件和通知。这些文件和通知体现出环境保护税征管协作多是采用政府主导、部门配合协助的方式，以信息协作为主要的工作内容，不同部门间以建立涉税信息共享协作机制为主。从地方出台数量繁多的规范性文件和通知可知，在环境保护税征管的协作过程中，地方政府为推进环境保护税顺利征管进行了积极的准备和保障工作。典型地方围绕环境保护税征管协作发布的规范内容梳理如表5－3所示。

表5－3　环境保护税征管协作地方规范

文件名称	发布时间	协作内容
本溪市人民政府办公厅关于成立本溪市环境保护税开征准备工作领导小组的通知	2017年9月1日	成立本溪市环境保护税开征准备工作领导小组，确定领导小组成员及市财政局、市环保局、市地税局的工作职责。
宁波保税区管理委员会办公室关于成立省环境保护督察宁波保税区出口加工区整改工作领导小组的通知	2017年9月20日	成立“宁波保税区贯彻落实环境保护税法工作领导小组”，负责全面部署、指导环境保护费改税工作，协调解决税法实施中出现的主要问题。

续表

文件名称	发布时间	协作内容
黑河市人民政府办公室关于建立黑河市环境保护税征管协作机制的通知	2017年9月26日	建立联络机制;交接档案资料;开展纳税人识别;做好培训辅导;联合开展宣传;成立黑河市环境保护税征管准备工作领导小组。
宜宾市人民政府办公室关于建立环境保护税征管准备工作协作机制的通知	2017年9月28日	成立环境保护税征管工作协调领导小组;财政部门要会同税务、环境保护部门建立工作机制,不定期召开协调会议;利用共同开发搭建的数据信息交换和共享平台,实现涉税信息共享;做好档案资料移交;加强培训辅导和宣传。
淄博市地方税务局关于成立环境保护税征管准备工作领导小组及工作组的通知	2017年9月29日	成立环境保护税征管准备工作领导小组及工作组,负责环境保护税征管准备工作重要事项的组织领导和协调,定期召开专题会议。
宁波市江北区贯彻落实环境保护税法工作方案	2017年9月29日	成立宁波市江北区贯彻落实环境保护税法工作领导小组,根据需要召开联席会议;明确区财政局、江北地税局、环保江北分局等部门职责分工。
福建省财政厅、福建省地方税务局、福建省环境保护厅关于我省环境保护税适用税额和应税污染物项目数等有关问题的通知	2017年10月17日	各级生态环境主管部门和税务机关应当建立涉税信息共享平台和工作配合机制,加强环境保护税征收管理,保障税款及时足额入库。
福州市人民政府办公厅关于成立环境保护税法实施工作领导小组的通知	2017年10月23日	成立环境保护税法实施工作领导小组,确保环境保护税开征准备及后续有关工作有序推进。
关于成立贵州省环境保护税征收工作领导小组的通知	2017年10月27日	成立贵州省环境保护税征收工作领导小组。涉及环境保护税征管的政府部门要加强资源、信息和经验共享,及时互通工作动态和进展情况。

续表

文件名称	发布时间	协作内容
浙江省环境保护厅、浙江省地方税务局关于环境保护税征管相关数据资料移交若干问题的通知	2017 年 11 月 3 日	明确生态环境主管部门向地方税务机关移交环境保护税征管的相关数据资料及各部门移交材料的工作安排。
内蒙古自治区环境保护税核定征收管理办法	2018 年 1 月 1 日	地方税务机关负责环境保护税核定征收管理工作,生态环境主管部门应建立与同级地方税务机关工作配合机制,协助地方税务机关完成环境保护税核定征收工作。
四川省地方税务局关于环境保护税核定计算方法相关问题的公告	2018 年 1 月 29 日	对纳税人采用核定计算方法有异议的,主管税务机关可以提请生态环境主管部门进行复核,并依据复核结果进行调整。
周口市人民政府办公室关于做好环境保护税征管工作的通知	2018 年 2 月 11 日	成立周口市环境保护税征管工作领导小组,建立市财政局牵头,会同市地税局、市环保局等部门负责的工作机制。
河北省环境保护税核定征收管理办法	2018 年 2 月 27 日	第四章"征收管理"明确税务机关和生态环境主管部门在税收核定中应履行的具体职责。
天津市环境保护税核定征收办法(试行)	2018 年 2 月 28 日	第三章"征收管理"明确地方税务机关和生态环境主管部门在税收核定中应履行的具体职责。
佳木斯市人民政府办公室关于建立环境保护税征管工作部门协作机制的通知	2018 年 3 月 19 日	以市财政局为牵头单位,建立地方税务局、环境保护局、发展改革委等部门间的环境保护税征管工作部门协作机制,明确各个部门的职责。
河南省环境保护税核定征收暂行办法	2018 年 3 月 26 日	建立环境保护税核定征收工作协作机制,按部门职责核定纳税人的污染物排放种类、数量和应纳税额等,明确生态环境主管部门、税务机关职责。

续表

文件名称	发布时间	协作内容
桂林市人民政府办公室关于建立桂林市环境保护税征管协作机制的通知	2018 年 12 月 6 日	成立桂林市环境保护税征管协作领导小组,建立信息共享和交换机制,在建立国家统一的环境保护税法涉税信息共享平台的基础上,组织各有关单位通过社会综合治税信息平台实现涉税相关信息的交换和共享。明确各协作部门应履行的职责。
阳朔县人民政府办公室关于建立阳朔县环境保护税征管协作机制的通知	2019 年 1 月 28 日	成立阳朔县环境保护税征管协作领导小组,明确县税务局、县环保局、县财政局的职责,建立信息共享和交换机制,通过涉税信息共享平台或其他渠道定期交换环境保护税有关涉税和环境污染的信息。

由表 5 – 3 可知,随着征管协作实践的需要,地方在回应如何实现跨部门征管协作这一问题上表现得更为积极,回应内容也更为具体,具体表现在两个方面:一是在环境保护税开征前,地方通过签署备忘录、召开联席会议等多种形式积极探索税务机关与生态环境主管部门等其他部门的协作配合方式,从而保障环境保护税的顺利开征。宁波保税区管理委员会办公室为做好环境保护税征管工作成立环境保护税征管领导小组,明确各部门职责。二是相较于中央层面出台的法律规范,地方环境保护税征管规范性文件对于征管协作作出了更加细化和具体的规定,其内容不仅明确规定了参与税收征管协作的主体,也对各自对应的职责以及协作的方式和流程等作出了规定。

二、协作制度在环境保护税征管中的应然性定位

(一)协作制度在税收征管基本程序法中的定位

《税收征收管理法》作为指引税收征管的基本程序法,在规范征纳双方权利(力)义务、保障纳税人合法权利方面具有重要作用。2015 年修订

的《税收征收管理法》吸收了征管改革成果,进一步强化了纳税人权益保障,完善了税收征管程序,但税收征管协作制度在《税收征收管理法》中仍仅有原则性表述。作为税收征管程序领域的基本法,《税收征收管理法》及其实施细则应当规范征管协作程序的基本权利(力)义务,关于征管协作内涵、方式等原则性、一般性的规定应在《税收征收管理法》中予以体现。随着征管改革持续深化,跨部门的征管协作已成为税收征管的常态,税收协作规定散见在部分税种法中,虽表述有所差别,但具有普遍性。因此,《税收征收管理法》有必要从具有共通性的税收协作规范中抽象出一般性协作规定,专设具体条款明确协作的基本原则、方式方法等,最终实现协作规范"提取公因式"的目标。

(二)协作制度在单行税种法中的定位

依据我国税法体系,单行税种法中除基本实现了对税法实体要素内容的全覆盖外,亦包含纳税期限、纳税申报、征收管理等税收征管所必备的程序要件。专业化的税制结构对税收征管提出更高要求,部分税法程序要素在单行税种法中单独规定具有一定的合理性。《环境保护税法》是征收环境保护税最直接的法律依据,其中"税收管理"一章对税收征管协作程序要素作出了规定,对《税收征收管理法》中尚显粗疏、可操作性不强的内容进行了细化,如涉税信息共享协作制度。《环境保护税法》确定了"纳税人自主申报、税务机关负责征管、生态环境主管部门负责监测、税务机关与生态环境主管部门进行信息共享"的协作征管模式,并在"征收管理"一章中明确建立分工协作机制、涉税信息共享平台和工作平台的制度设计。《环境保护税法实施条例》对涉税信息共享平台建设以及需共享的涉税信息目录作出了进一步详细规定。环境保护税的征管协作较一般税种而言,对协作主体的依赖性更强、协作程序更加系统化、协作内容也更为复杂,因此《环境保护税法》中的税收征管协作内容应在《税收征收管理法》对征管协作制度作出一般性、原则性规定的基础上,对该税种涉及征管协作的主体、方式、程序、具体权责等相关内容进行具体规定。

（三）协作制度在中央和地方税收征管制度中的定位

在税收法定原则指导下，《环境保护税法》及《环境保护税法实施条例》等全国性的法律法规对税收征管协作作出原则性规定，生态环境部、国家税务总局等中央部委出台了一系列规范性文件，对如何高效征收环境保护税作出顶层设计，统一建构起协作框架。在地方层面，地方依据法律法规及中央部委发布的工作要求与通知，出台了符合地方实际情况的征管协作规范性文件，使征管协作制度更加细化、更具可操作性。

首先需明确的是，税收协作制度是税收征管程序的一般性制度，而非只能由法律作出规定的基本制度。《立法法》对税收法定原则作出进一步阐述，即设立新税种、确定税率、税收征收管理等税收基本制度只能由法律作出规定。[1] 依据《立法法》第12条、《税收征收管理法》的相关规定，税收基本制度除经全国人大及其常委会制定法律外，也能由经授权的国务院制定行政法规。在税收法定原则的指导下，设立新税种、确定税率以及减税、免税等税收立法权力集中在中央，这表明与纳税人权益有密切关系的税收实体要素、程序要素均只能由法律作出规定。除税收基本制度外，仍存在一般性的税收法律制度，《立法法》作为规范全部立法事项的基本法律，并未明晰税收基本法律制度和非税收基本法律制度的界限，不可能就全部税收立法权限划分问题作出具体规定。因此，除税收基本制度外，财税主管机关以及地方可根据实际情况对非税收基本制度进行规定和细化，如一般纳税人认定、申报期限、税收保障、税收协作等，也可以在法律规定的幅度范围内就某些税收要素进行调整，如税率。[2] 因此，税收征管协作制度可由国务院职能部门及地方政府根据实践征管情况进行规定（见图5-1）。

---

〔1〕《立法法》第11条规定："下列事项只能制定法律：……（六）税种的设立、税率的确定和税收征收管理等税收基本制度……"

〔2〕参见黄素梅、李佳鹏：《试析我国环境保护税征管中的难题与对策》，载《税务研究》2021年第2期。

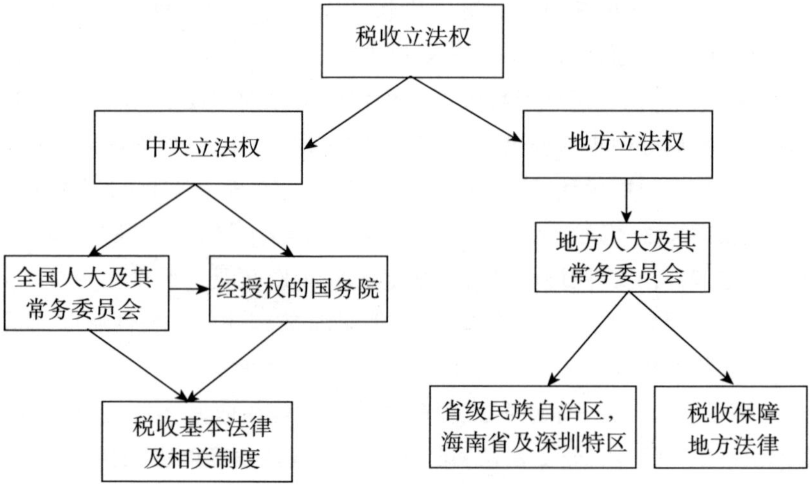

图5-1　税收立法权结构

在中央层面，除通过《税收征收管理法》《环境保护税法》等法律规定税收征管协作制度外，国家税务总局和财政部等财税行政主管机关通过制定税收行政规范性文件进一步细化税收征管协作制度。学界通说认为，税收规范性文件本质上是对税法条文所作出的行政解释，主要由国家税务总局和财政部等财税行政主管机关作出，旨在指导税收征管过程中税法条文的具体适用。在环境保护税开征前，国家税务总局和生态环境部就建立环境保护税征管协作机制问题签署了备忘录，重点明确了税务机关和生态环境主管部门合作的七大类工作任务，如开发建设税收核心征管系统和涉税信息共享平台等其他协作任务。[1] 该备忘录是以行政指令的方式落实《环境保护税法》关于建立税务机关和生态环境主管部门分工协作机制的重要抓手，规范了生态环境主管部门与税务机关的合作方式。环境保护税开征后，财政部、国家税务总局和生态环境部联合发布

〔1〕《税务总局和环境保护部签署备忘录　建立环境保护税征管协作机制》，载《绿色包装》2017年第8期。

通知,明确环境保护税征管协作机制构建具体要求,进一步规范了涉税信息交换标准,最终实现环境保护税征管协作机制平稳运行。由此可知,中央层面对构建环境保护税征管协作机制作出顶层设计,以财政部、国家税务总局和生态环境部为主的中央部委提出建立征管协作的要求,统一建构起协作框架,保障环境保护税征管顺畅。

在上位法《税收征收管理法》《环境保护税法》对环境保护税征管协作制度没有详尽规定的前提下,地方依据中央部委发布的工作要求与通知,相继通过制定地方性法规、地方政府规章,发布政府规范性文件等细化、充实甚至扩充税收协助的制度内涵和外延,使得征管协作制度更具有可操作性。《立法法》第 80 条、第 81 条规定,省级人大及其常委会在不同上位法相抵触的前提下,结合本区域实际情况,可以制定地方性法规。在税收征管协作领域,地方有权通过税收保障立法保证征管协作顺利进行。如前梳理,《黑龙江省税收保障条例》和《云南省税收征管保障办法》均设专章规定"信息交换""税收协助"内容,重点对税收协助行为作出规定。其中,涉税信息如何实现共享是地方性税收协助规范关注的重中之重,甘肃、河北、内蒙古、广西等地的地方性税收保障立法都明确涉税信息实行目录管理,且要在全省(自治区)范围内制定统一的涉税信息目录。除出台地方性法规及政府规章外,地方就建立环境保护税征管协作机制出台具体的规范性文件,成立有关工作领导小组,明确协作内容与方式,确保环境保护税顺利征收。

(四)小结

各国规定征税程序的法律模式不尽相同。在横向上,我国采取的是税种法与《税收征收管理法》单独立法的模式。作为环境保护税征管的法律依据,《环境保护税法》与《税收征收管理法》效力位阶均为法律,[1]在税收征管协作制度层面,《税收征收管理法》应对征管协作的基本准则、协作主体的权力义务作出一般性规定;结合环境保护税的征管实践与典型

〔1〕 参见叶金育:《论环境保护税征管中环保部门的权责配置》,载《华东政法大学学报》2020 年第 4 期。

特点,《环境保护税法》应对征管协作的协作主体、方式、具体程序、权责配置等作出特殊性规定。随着税收立法实践的发展,税收协作制度在税种法与程序法之间仍需协调融合。以环境保护税为例,具体协调路径如下:在税收征管基本程序法的基础上,《环境保护税法》对环境保护税征管协作作出更加具体和具有针对性的规定,最终经过局部实践,形成普遍性的规律,再由《税收征收管理法》统一规范。

在纵向上,我国税收法律与税收行政法规、规章及其他规范性文件并存。作为税收法律的下位法,税收行政法规、规章及其他规范性文件可以在《宪法》《立法法》规定的税收立法权限范围内对税收征管作出细化规定,增强其可操作性。在税收法定原则的指导下,首先,必须明确与纳税人权利义务密切相关的程序规则如税务稽查、税收强制执行等,必须由法律明确规定。其他一般性程序规范如税收保障、税收协作等,则可以由财税主管部门或地方政府自行规定。其次,在中央层面对构建环境保护税征管协作机制作出顶层设计、提出具体协作要求后,地方依据本地实际情况出台一系列配套政策,具体落实协作主体、协作内容与方式,使征管协作制度更具可操作性。

三、环境保护税征管协作制度建设问题分析

(一)协作规范在税种法与征管程序基本法中的定位不明确

从我国颁布实施的《税收征收管理法》及税种法的制度体系来看,我国税收立法采取的是征管程序法与税种法相结合的立法模式,即在税收征管程序法中规定了税款征收的一般性程序要素,税种法中既规定实体要素,也包括程序要素。我国传统税收立法的思维范式强调原则性而忽略操作性,模糊了税种法与程序法应有的制度定位,这在税收征管协作规则设计时表现得尤为突出。对于一般性程序规则,税种法与税收征管程序法都有体现但都不系统,特殊性规则都有涉及但不深入。[1]

---

〔1〕 参见吕凌燕、曹勐菲:《协作视角下税收征管制度改革——以环境保护税为例》,载《中国地质大学学报(社会科学版)》2019年第6期。

一般而言,税种法与税收征管程序法是内容和形式的关系,两者互相协调配合才能构成科学完整的税法体系。[1] 但在税收立法实践中,往往很难精准区分实体要素和程序要素。世界各国对于税收实体与程序制度的设置主要有三种立法模式:一是如英国将征管性质的规则都纳入税收征管法中集中规定;二是如德国将特殊的税收征管规则纳入单行实体法中规定,一般性程序规则在专门的程序法中进行规定;三是将上述两种模式混合起来运用,这也是大多数国家采取的做法。基于目前协作规定在我国环境保护税法立法体系中的安排,税收征管程序法中对协作仅提到"支持、协助税务机关",虽体现出协作的内涵,但并未对协作规则作出一般性规定。《环境保护税法》在其征管章节围绕协作征管不仅对生态环境主管部门进行了宏观协作要求,也对协作方式进行了特别规范,如建立分工协作工作机制,但不够深入,仅停留在原则性层面,可操作性不强。而且,《税收征收管理法》未对征管协作进行统领性规范,这使《环境保护税法》在对协作部门提出具体协作规范时显得法据单薄,立法定位模糊。

(二)中央和地方协作规范任务分工不明

在中央法律层面,从环境保护税征管依据的《税收征收管理法》和《环境保护税法》及其实施条例来看,我国现行环境保护税法律制度对税收征管协作的具体环节、程序均未作出明确规定。作为规定税收征管活动的基本程序法《税收征收管理法》对征管协作仅纲领性规定"各有关部门和单位应当支持、协助税务机关依法履行职务",仍缺少具体的程序和可操作性的措施,其实施细则中亦没有规定对应的具体可操作性条款。以"分工协作"为特色的《环境保护税法》中也只是规定,要建立税务机关与生态环境主管部门两个不同部门之间的分工协作机制,而具体关于协作的内容事项,并未作出规定。税务部门、生态环境主管部门、财政部门虽联合发文明确要建立涉税信息共享机制,但未对协作机制构建的责任

---

〔1〕 参见涂京骞、涂龙力:《修改〈税收征管法〉的指导思想及需要商榷的几个问题》,载《涉外税务》2009 年第 9 期。

分工提出具体要求。在环境保护税的征管协作中，三部门通过发布行政性指令文件自上而下来推动落实环境保护税的征管协作工作，但中央发布的工作文件仅做了原则性的规定，可操作性缺失，对于具体怎样配合、协作等并没有作出明晰的规定。

现行环境保护税征管制度下，虽然位于法律位阶上位的《税收征收管理法》与《环境保护税法》对征管协作规定过于原则性，甚至缺少跨部门协作的规定，但是地方协作实践的需求却催生了数量繁多的政府规章及相应的规范性文件。尽管如此，大量的规范性文件和工作文件是否能在实践中得到有效的落实，可操作性如何，仍待进一步观察和探索。地方关于建立环境保护税征管协作机制的通知多由地方人民政府办公室发布，多为政府规范性文件，其并没有“法律”级别的强制约束力。实践中，工作性文件常常被认为是只具有建议指导性的倡导。对于行政部门来讲，这些大量的地方性文件缺乏法律具有的强制约束力，并不能成为依法行政的法律根据，不同部门协作与否、协作质量的高低仍然取决于部门的意愿和自觉性。并且在实践层面，税务机关与政府其他部门之间行政方式差异较大，征管协作难度较大、效率较低，这些都需要通过立法予以协调。在效力过低的规范性文件的统筹下，税务机关提出协作请求，其他专业部门似乎并没有与其进行双向协作的法定义务。因此，若要促进税收征管协作有效落地，必须要提高地方具体可操作性规范的法律层级，明确征管协作部门的权责利，从而对征管协作产生强有力的推动和约束力。

（三）责任规范缺乏强制性

从规范层面分析，《环境保护税法》具体条款中用“应当建立”来表述协作主体应履行的义务，而整部法律中并没有对生态环境主管部门不履行协作义务的否定性评价，这削弱了其义务性规则的实施效力。在征管协作主体的具体责任承担方面，仅《环境保护税法》第 23 条规定了引致条款，即依据《税收征收管理法》或其他法律法规追究法律责任，具体责任承担形式及追责机制并无更细致的规范，这造成实践中追责无法可依的困境。《环境保护税法实施条例》关于征管协作主体承担具体责任方面，也没有作出具体规定。鉴于环境保护税征管的特殊性，若协作主体本身的责任划分不清晰且协作主体履职不积极，环境保护税顺利征管就难以得到保障。

从协作制度层面分析，税收征管协作并非狭义的单方协助，而是权责明确、双向互利的协作。《环境保护税法》虽明确规定环境保护税征管过程中实行生态环境主管部门与税务机关分工协作的新型征管模式，但是协作并非完全意义上的“双向协作”，更多是生态环境主管部门给税务机关提供单方面的帮助。而在这种单方协助下，因缺少责任规范保障，部门出于对各自利益的考虑，往往会对行政协作采取消极被动的态度。而比起单向性的协助，征管协作更强调不同部门间双向的协作；只有在双向持续的互助过程中，才能将不同部门间现有的行政资源进行充分和有效的利用，切实提升效益，达到共赢的效果。

梳理分析地方发布的政府工作文件可知，目前环境保护税协作尚无责任规范。部分文件仅有原则性规定，如涉及环境保护税征管的政府部门要加强资源、信息和经验共享；部分文件中具体列举了环境保护税征管协作部门如县财政局、县环保局、县税务机关具体须履行的职责，对义务条款进行了明确，但是仍缺少权力、责任条款的规定。环境保护税的征管需要税务机关与生态环境主管部门深度合作，而两部门在行政架构中相互独立并没有直接隶属关系，仅靠地方工作文件中的原则性条款推进跨部门协作仍存在一定困难。显然，协作部门从本部门职责和利益出发，协作的积极性不高，易出现走过场、疲于应付的现象。

（四）长期性双向协作机制尚未健全

从地方构建的环境保护税征管协作机制的协作方式可以看出，目前尚未构建出有效的长期协作的形式和机制，而长期协作机制的构建依赖于清晰的权责关系，缺乏责任规范不利于长期协作机制构建。环境保护税征管并非仅相关部门提供一些涉税信息就可以完成，其更多需要税务机关与生态环境主管部门等其他相关部门建立起长期有效的交流沟通和协作机制。从有关地方性文件中可以看出，部门间的协作通常是为了应对某一具体现实情况，为了解决问题。通过这些文件也可以探知，目前地方对于征管协作仍然处于应对性的状态，并未构建出有效的长期协作的形式和机制，部门协作远不如想象中顺畅。地方所强调的部门协作，基本上都属于无偿、无责的协助，在没有利益的驱动或责任的保障下，部门协作的效果与预期可能相差较远。再者，地方政府规范性文件中规定的部门协作内容多以成立领导小组、交换涉税信息为主。在新的税收征管环境下，数据信息固然重要，但更重要的是对数据的筛选和整理。特别是在目前尚未建立起完善的信息交流和共享工作平台的前提下，通过庞杂的数据检索出有用的信息，并对有用信息作出甄别和使用尤其重要，如果协作部门没有做好这一前提性且必要的工作，会加大税务机关的工作难度。

四、环境保护税征管协作制度完善思路

(一)明确协作规范在税种法与征管程序法中的定位

税收协作征管制度体系的科学建构，应当明确税收征管程序法与税种法二者在协作制度体系建构中的立法定位。目前，税收程序制度立法构造不清晰，致使《税收征收管理法》与税种法不能各司其职，征管协作的规定既不清晰，也不便操作。只有厘清《税收征收管理法》与税种法不同的法律定位，明晰程序制度的立法构造，才能细化征管协作的规定。通过分析协作制度在环境保护税征管中的应然性定位可知，税收征管协作的一般性规范及基本协作权力、义务等内容应在《税收征收管理法》这一基础性的税收征管程序法中予以规定。结合环境保护税征管的具体特点，《环境保护税法》则应对具体的税收协作部门及协作方式、内容、程序等予以明确。

1. 税收征管程序法作出一般性规定

《税收征收管理法》作为规范我国税收程序的基础性制度，应当立足征管程序基本权力义务的确定。征管协作作为税收征管程序的重要内容之一，其基本准则和具体程序，以及违反协作义务及职责的法律责任、救济方式等一般性规定都应体现在《税收征收管理法》中。

《税收征收管理法》虽然规定了部分实体要素，但是总的来说，更侧重

对税收征管有关程序作出规定。我国目前还没有设立税收基本法，完善征管协作制度需要对《税收征收管理法》进行修订，而对于《税收征收管理法》基本功能和性质的正确定位是决定其能否发挥主要作用的重要前提。基于正确的立法定位作出正确的修订，才能对税收征管协作制度体系的建立有所裨益，对税收征管协作工作的顺利进行发挥其应有的作用。在我国现行的税收法律规范中，《税收征收管理法》中规定的程序制度与税种法中的程序规定应当是一般与特殊的关系，即对于某一程序项事项的规定和处理，虽然《税收征收管理法》和税种法中都会涉及，但是前者对于该程序事项的规定应当是适用所有税种的，而后者对于该程序事项的规定，只能在该税种征管领域范围内适用，而不可以同样适用于其他税种。所以基于这一考量，在《税收征收管理法》的修订中，就需要把它看作税收征收法律规范中的基本程序性制度规范，其中的程序性事项规定应当是适用于现行任意税种的。

从目前以及今后长期税收征管过程中对于协作的需求来看，现行《税收征收管理法》中仅有的第5条这一规定是不够的，应当在"税务管理"下增设"税务协作"相关条文来对有关内容进行规范。主要是税收征管协作中涉及的一般性事项，如协作主体，协作部门的基本权力和对应义务，以及相关协作救济的内容等，具体规范的形式可以参照"税务登记"一章进行修订。

2. 税种法作出特殊性规定

在《税收征收管理法》对税收征管协作进行相对完善系统性规定的基础上，单行税种法应在其程序法的征管部分对该税种涉及征管协作的对象、内容、形式、程序等相关内容进行具体规定。如在环境保护税的征管过程中，税务机关需要与生态环境主管部门进行工作上的配合和协作，但现行的《环境保护税法》仅仅规定了要建立分工协作机制与信息共享平台，对于征管过程中涉及两个部门之间的协作，具体如何协作，协作的内容和形式及相关的程序等并未提及。所以在《环境保护税法》中应该作出如下规定：首先，明确生态环境主管部门应当在环境保护税的征管过程中作为协作主体,具有与税务机关进行协作的义务。其次,在《环境保护税法》第14条下增设一条,列明税务机关与生态环境主管部门工作上互相协作的主要内容,主要有涉税信息协作、税源管理协作以及税务稽查协作。再次,对于协作程序的规定,可参照税务登记的处理,如在环境保护税的税务稽查工作中,税务部门需要按照行政协作的一般程序采用书面的方式向生态环境主管部门申请协作,如果这一申请协作的事项经法律确认属于法律规定的必须履行协作的,生态环境主管部门一般不得拒绝。最后,对于协作责任的规定。若在协作过程中因某部门的失误致使国家、社会集体或者个人利益受损,生态环境主管部门不得以协作部门为由拒绝责任的承担。其他单行税种亦是如此,应在这些单行税种法中对协作所涉及的主体、协作义务、程序及责任进行进一步规定。

(二)完善征管协作责任规范

税收征管协作是一项综合行政行为,除税务机关外,其他一切与税收协作有关的政府机关、单位等均负有协助环境保护税征收的法律义务与责任。因环境保护税的征管需要税务部门与生态环境主管部门深度协作,而两个部门在行政架构上没有直接的隶属关系,是相互独立的行政部门,实践中仅仅依靠《环境保护税法》的原则性规范推进系统性税收征管协作存在较大困难,因此补充不履行协作义务法律责任的规范是有必要的。在税收协作征管过程中,应完善税收征管协作责任体系,在《环境保护税法》及其实施细则中进一步细化协作机关承担的具体义务,强调其责任,特别是怠于作为、不作为甚至违法作为应承担的法律责任,使税收征管协作有法律保障。协作部门若怠于作为、不作为、违法作为,产生的法律责任应由相关部门及主要责任人承担。如生态环境主管部门怠于履行协作义务,致使税款少缴、不缴,可依据相关的责任规范进行追责。

(三)提升地方操作规范立法层级

法律位阶的高低与具体实践操作的性能是成反比例关系的,高位阶法律的实践可操作性通常不如位阶低的法律可操作性强,所以应将税收征管协作的具体操作规范在地方性法规或部门规章中进行具体规定。基于此,在细化上位法律《税收征收管理法》与各税种法关于征管协作的基础上,需要提高涉及征管协作具体操作细节的地方工作性文件的立法层级,将有效的工作内容以法规以及更具有普遍适用意义的政府规章的形式规定下来,而非使用大量的工作性文件。具体来讲,在税收征管实践中,对于这些普遍存在的问题,建议将地方规范性文件中具有良好成效的做法形成制度性的规定。比如,以建立联席会议机制的方式进行协作,以行政法规的形式进行规定,增加其适用的普遍性和工作衔接的有效性。

(四)构建长期性双向互助协作机制

随着环境保护税征管工作持续深入推进,地方要构建双向互助持续型征管协作机制。面对征管协作实践中现存的诸多困境,关键和前提是改变行政机关由来已久的"单方协助"观念,打破"只出力不得利"的僵局,使双方看到,协作的过程是一个双向的共赢的过程,从根源上转变行政机关对于协作的态度,提高不同部门间协作的热情,激发其协作的积极性。例如,在环境保护税的征管中,税务机关与生态环境主管部门之间就是一种典型的双向协作关系,实现环境保护税顺利征管,协作的过程也是这两个行政主体展现其特有优势的过程:若生态环境主管部门没有进行污染物的监测,税务部门则难以了解纳税人的排污状况,也没有办法对应税污染物进行核定和征收;相应地,如果税务部门没有将纳税企业的相关生产信息传递给生态环境主管部门,生态环境主管部门亦无法精准找寻排污企业,无法对其污染环境的行为作出行政处罚。环境保护税的征管涉及基本税额的确定与税款的管理,因此属于税务部门的工作任务。而企业偷排漏排的情况又涉及环境保护与监管,则属于生态环境主管部门的工作任务。所以在环境保护税的征管过程中既能使税务机关的征税目的得以实现,也能使生态环境主管部门更加了解排污企业的情况,便于日后监管;税务机关与生态环境主管部门之间的协作可以最大化实现部门利益,提高工作效率。可见,只有双向互助共赢而非只有一方付出却得不到回报的协作,才是征管协作顺利推行的前提。

从税收征管实践的现状和需求来看,征管协作并不是某一特殊情况或时期下的特殊要求,而是普遍存在于税收征管实践环节中,并且还将长期存在。所以,为了更好解决这一问题,就必须形成常态化的协作机制,以此来保证征管协作的日常化效率化运行。实践中,这种协作的机制有设立内部机构、派驻相关人员及现场性协作三种方式。设立内部机构,即为了协助税务部门工作,其他的专业部门在自己部门内部单独设立一个机构,用来协助税务部门的工作。这种方式显著提升了协助税务部门征管在其他专业部门内部的集中性和重要性。派驻相关人员,即其他专业部门派出有关业务人员或机构进驻税务部门,以协助其进行某一税种的征收和管理。这种方式有效解决了之前其他专业部门协作不及时的难题。现场性协作,即一种对人员及资源配置提出较高要求的方式,既不在协作部门内设立相应的协助税收征管的内设机构,也不向税务机关派驻有关业务人员,而是就专门需要协作的事项进行单独协作。笔者认为,在三种协作方式中,第一种协作方式与第二种协作方式更为符合征管协作的常态化要求。

第六章　环境保护税征管协作权责配置

环境保护"费改税"使原本由生态环境主管部门负责征收的排污费改为"税务征收,环保监测"协作征管模式的环境保护税,除征管模式的改变外,其中征管方面最重要的调整即是征管主体以及相关征管权责内容的调整。环境保护税是我国首个税收征管需要跨部门深度系统协作配合才能有效完成征管的税种。实践中,环境保护税征管存在协作主体定位不清、协作权责配置不合理、征管部门职责界定不明等问题,这些问题影响着环境保护税协作征管制度优势的发挥。因此,环境保护税征管协作权责配置研究不仅可以明晰环境保护税征管主体相关职责,也有利于税收跨部门协作机制进一步完善。

一、权责配置在环境保护税征管协作体系中的定位

政府间权责的配置,一定程度上反映了不同组织机构之间的冲突与合作。权责配置的合理程度影响着政府的有效运转,对政府履行管理行政事务的职能

发挥着重要作用。[1] 聚焦环境保护税征管协作中权责配置制度研究,不仅对完善协作征管制度具有深刻的理论意义,也对进一步优化环境保护税的征管流程和操作环节具有重要实践价值。

(一)环境保护税征管协作权责配置的理论定位

协作是指在共同的标准和规则的基础上,多个不同的利益相关者处于一个共享的组织机构中,在组织间的关系的视角下强调各个部门的差异与优势,针对公共事务问题制订出共同的解决方案。其中,各部门之间的差异性是实现跨部门协作的重要前提条件。[2] 协作是通过借助各个主体的优势资源来实现目标,从而实现双赢的结果。跨部门协作是为实现一个组织中一个部门无法实现的成果,通过组织联系的方式,将存在协作必要性的多个相互独立的部门联系起来,实现跨部门能力与信息等方面的优势共享。跨部门协作需要考虑以下多重因素:第一,跨部门协作需要多个职能部门参与其中,职能部门处于同一个组织内部,并存在一个核心主体进行领导,以统一性目标对不同部门之间的资源、功能进行整合协调;第二,多个协作主体之间各自独立,不取消部门边界,但有充足的跨部门协作必要性;第三,协作各职能部门在保障自身利益的前提下,以强化互动为基础,发挥各自的资源和优势,进行资源的优化配置和整合,实现组织效益和社会效益最大化的协作目标。环境保护税征管中涉及税务机关、生态环境主管部门、政府以及其他相关部门多个主体的参与。税务机关作为主体部门,承担环境保护税的征管职责。政府作为依托,领导、协调并解决环境保护税征管过程中的重大问题,[3] 并建立起跨部门分工协

---

〔1〕 宋哲、沈亚平:《法治视野下地方政府"权责悖论"问题研究》,载《天津师范大学学报(社会科学版)》2017 年第 3 期。

〔2〕 D. J. Wood & B. Gray, *Toward a Comprehensive Theory of Collaboration*, Applied Behavioral Scienee, Vol. 27:2, p. 139 - 162(1991).

〔3〕 《环境保护税法实施条例》第 13 条规定:"县级以上地方人民政府应当加强对环境保护税征收管理工作的领导,及时协调、解决环境保护税征收管理工作中的重大问题。"

作工作机制。[1] 生态环境主管部门作为协作主体，具有从事环保监测和管理工作的长期工作经验和专业能力，拥有环境监测专业人员与相应设备，以及确定计税依据的专业能力，在环境保护税征管过程中发挥其部门优势，[2]对环境保护税的征管发挥支撑作用。相关部门作为辅助主体，在政府的统筹领导下加强部门协作，协同配合，按照规定时限完成任务分工，抓好工作落实。这种协作方式下，协作主体为实现目标的整合、政策的协调以及服务的优化而进行横向合作与互动。

但是，在多元主体共同参与治理的背景下，责任的分散、多元模糊了主体之间的责任界限，权责倒置、集体责任、职能划分不明确等现实问题加大了责任追究的困难。征税权和责任在本质上难解难分，相互依赖。责任政府建设的内涵之一就是要实现权力和责任的合理配置，做到“有权必有责，用权受监督”。然而，如何进行权责配置，是一个系统性问题。一般而言，首先要明确权力行使的主体，其次要考虑权力行使的目的，再次要预设权力行使不当所造成的损害，最后再根据这些损害进行法律责任的合理分配。权力与责任的不对等，很大程度上增加了违反法律的可能性。而且，权责一致对法治国家的建设发挥着至关重要的作用，应坚持权责一致的原则，划定权力行使的边界，以法律限定责任，以责任制约权力，让政府活动在法律的框架下进行。政府应当依法行使权力，严格依法办事，落实职能分工，有助于促进资源的有效整合、利用与分配，最大化发挥资源效益，形成政府内部动态平衡，系统建设责任法治政府。[3] 就环境保护税征管而言，费税体制改革使得税费征管权由集中征管变为协作共管，征管行为由单一主体实施变为多元主体参与。跨部门协作下不同主

---

〔1〕《环境保护税法》第14条第3款规定：“县级以上地方人民政府应当建立税务机关、生态环境主管部门和其他相关单位分工协作工作机制，加强环境保护税征收管理，保障税款及时足额入库。”

〔2〕参见王霞、尹佳：《环保税征管行政协作的困境与出路》，载《黑龙江社会科学》2020年第6期。

〔3〕参见李梦诗：《基于人本导向的政府权责关系研究》，载《法制与经济》2019年第10期。

体的参与程序、参与方式、参与程度不同,产生的法律效果也会存在差异。在环境保护税实际征管过程中,跨部门合作存在缺乏系统性规范引导的跨机构合作,不同部门之间职能划分不清导致利益不清,多元主体在环境保护税协作征管的过程中不可避免出现职能交叉、权责脱节等问题,并导致协作意愿降低、协作效率低下、核定职权争议、问责困境等消极现象。这些问题与现象与环境保护税征管协作中的权责配置制度不能支撑密切相关,也对环境保护税征管工作顺利实施产生了一定程度的影响。因此,环境保护税征管协作要重视政府治理责任的作用,建立完善的权责配置制度,发挥政府对多元主体责任承担的积极引导作用、实现多元主体的最大功效,是当前协作中迫切需要解决的重要问题。

政府所要建立的部门间权责协调机制是复杂的。部门协作体系为最大限度达成目标以及实现多个主体的协调和整体效能提高,在资源交换、技术支撑以及协作必要性等因素的影响下进行部门间的互动与协作。如果部门协作缺乏有效的协调配合,模糊权责边界,忽视整体利益,强调政府部门利益占据主要地位,则会产生行政效率低下、责任碎片化以及利益冲突等问题。部门协作分工的任务主要是由其工作职能和现有技术体系所决定,部门之间存在权责边界和职能分工。结构、功能的分化使各部门之间产生了界限,这一界限的确定影响了各部门权力与责任的承担,权责的配置影响了协作主体在整个协作系统中的定位。此外,界限影响了部门对于资源和职能范围的控制,界限的模糊引发协作中的利益冲突。总体而言,部门间的协作关系在模糊边界中不断调整,是资源交换和利益均衡的产物,权责的交叉与重叠为部门协作激发了更加充足的动力,但是权责边界的模糊也为部门间的利益冲突带来了隐患。因此,首先,跨部门协作的一个重要前提是划清权责界限,避免因权责边界的模糊而引发的治理混乱和责任推诿。其次,协作意愿也对跨部门协作的效果产生影响。组织的存在取决于参与者为其做贡献的意愿。[1] 在跨部门协作中,政府

---

〔1〕 参见朱纪华:《协同治理:新时期我国公共管理范式的创新与路径》,载《上海市经济管理干部学院学报》2010 年第 1 期。

对协作主体意愿因素的激励离不开各部门的利益偏好。环境保护税征管协作机制中涉及多个利益主体的参与，纵向上涵盖中央政府、地方政府等；横向上涵盖了税务机关、生态环境主管部门、财政部门等环境保护税征管相关部门。在跨部门的协作中既存在共同的公共利益，也存在部门利益。各主体在环境保护税征管中的利益偏好各不相同，在实际合作中存在不同部门之间的权力与责任配置失衡以及利益分配不均衡，出于保证自身利益的实现，巩固已有的权力，两个或多个利益主体间会产生利益的摩擦和冲突。事实上，协作部门职能划分不清、制度规范不完善、权力与经济利益的挂钩以及监督问责机制的不健全等因素，都直接或间接地诱发了协作部门的利益冲突。

总而言之，环境保护税征收管理协作系统的运行，离不开多元主体在政府的统筹领导下以充足的协作意愿参与协作，利用跨部门专业能力、技术以及资源，发挥各部门的征管优势。这一优势的发挥离不开环境保护税征管协作权责配置制度的支持。在多元主体参与征管的过程中，应划清职能部门权责界限，坚持权力与责任的一致性，协调部门间利益，落实监督问责机制，保障环境保护税征管协作目标有效推进。

（二）环境保护税征管协作权责配置的法律依据

税收法定既是国家对政府征税权力的确认，也是规范征纳双方税收权利义务的重要依据。税收法定不仅要求税收实体权利（力）义务法定，同样也要求税收征管程序法定。环境保护税作为我国实施生态环境保护调节的首个绿色税种，《环境保护税法》以法律的形式落实了“一税一法”税收法定，该法包括实体和程序两个部分的内容：实体法部分确认了该税种较为系统的征纳权利（力）义务内容；程序法则部分明确了征管主体、征收方式、征纳日期以及税收用途，不仅有助于强化相关部门权责意识，而且有助于保障纳税人的合法权益。环境保护税作为税收领域的新税种，因其自身征管的特殊性，除了税务机关的征管，还需要生态环境主管部门等其他部门协作配合，在政府领导小组的统筹领导下，发挥行政组织的整体优势，各个协作主体在各自规定的职权范围内积极配合、协调一致。

环境保护税征管协作制度的法律依据在《税收征收管理法》《环境保护税法》《环境保护税法实施条例》等相关法律法规和规范性法律文件中进行了明确的规定。《环境保护税法》规定了环境保护税由企业申报、税务征收、环保监测、信息共享的征管模式,明示了税务机关与生态环境主管部门协同征管。《环境保护税法》第14条将跨部门分工协作机制引入环境保护税征管程序中,[1]规定由政府统筹建立,同时加强环境保护税征收管理,保障税款及时足额入库。第15条规定了要建立信息共享平台和工作配合机制。[2]《环境保护税法实施条例》对税务机关和生态环境主管部门各自的征管职责进一步规定。生态环境主管部门负责对污染主体的排污行为进行监测,为环境保护税征收提供依据。税务机关作为行使税收征管权的主体,承担环境保护税纳税申报受理、涉税信息比对、组织税款入库等职责。但《环境保护税法》及《环境保护税法实施条例》对协作征管中税务机关、生态环境主管部门的权力、义务缺乏细致的规定,仅规定了政府建立分工协作机制的义务,缺乏如何建立该机制的具体指引,政府的统筹协调作用无法有效发挥。另外,作为税收征管领域的基础性法律《税收征收管理法》第5条第3款[3]规定,相关部门应在税务机关依法执行职务予以支持、协助;第15条第2款[4]和第17条第3款[5]对市场监督管理部门等其他相关部门对税务机关的信息协助职能进行规定。但在制度内容方面,《税收征收管理法》对具体操作中遇到的困难和

---

[1] 《环境保护税法》第14条第3款规定:"县级以上地方人民政府应当建立税务机关、生态环境主管部门和其他相关单位分工协作工作机制,加强环境保护税征收管理,保障税款及时足额入库。"

[2] 《环境保护税法》第15条第1款规定:"生态环境主管部门和税务机关应当建立涉税信息共享平台和工作配合机制。"

[3] 《税收征收管理法》第5条第3款规定:"各有关部门和单位应当支持、协助税务机关依法执行职务。"

[4] 《税收征收管理法》第15条第2款规定:"工商行政管理机关应当将办理登记注册、核发营业执照的情况,定期向税务机关通报。"

[5] 《税收征收管理法》第17条第3款规定:"税务机关依法查询从事生产、经营的纳税人开立帐户的情况时,有关银行和其他金融机构应当予以协助。"

解决机制的规定较少，缺乏实质性的内容，较为空泛，没有写明协助相关部门在支持、协助中享有权力，仅规定了“应当协助”的义务，无法有效指导实践。除了对征管权力义务进行规定，也应当设置相应的责任条款。《环境保护税法》第23条对税务机关、生态环境主管部门及其工作人员的法律责任追究进行了规定。[1] 但是，《环境保护法》第六章仅对生态环境主管部门依法履行环保监管职责等方面的责任进行了划定，并未规定生态环境主管部门在环境保护税征管过程中因履职不当造成后果时应当承担的责任。现行的环境保护税征管协作制度中对于征管部门的责任划分与责任承担方式尚未作出明确规定，这使环境保护税征管协作实际操作中，缺乏基本的法律保障和支持，税务机关和生态环境主管部门容易出现权责混乱、义务不清、不作为而得不到规制的现象。再者，环境保护税征管协作的保障机制也不够健全，实际操作中无法为环境保护税的征管提供有效支撑。

战略层面的协作需要通过制度层面的联动具体落实。[2] 一个可靠的制度联动机制，需要明确各主体的权责配置，划清权力边界。2023年，《中共中央关于全面深化改革若干重大问题的决定》提出，要确保权责一致，优化政府职能配置，完善行政运行机制。党的十九大报告进一步提出，要统筹考虑机构设置，对党政部门以及内设机构权力科学配置、明确机构职责。[3] 由此可见，理顺部门职责关系，是我国行政体制改革进程中的重要一环。当前，我国的环境保护税的相关立法，虽然对部门职能进行了调整，但制度设计中对相关权责配置体制的构建仍有不足，对权力的运行缺乏有效的责任约束。如果不能对权力施加足够的责任管束，那么

---

〔1〕《环境保护税法》第23条规定：“纳税人和税务机关、生态环境主管部门及其工作人员违反本法规定的，依照《中华人民共和国税收征收管理法》《中华人民共和国环境保护法》和有关法律法规的规定追究法律责任。”

〔2〕参见汪锋：《高校一流学科与新型智库建设的互动机制研究》，载《中国高教研究》2016年第9期。

〔3〕参见宋世明：《中国行政体制改革70年回顾与反思》，载《行政管理改革》2019年第9期。

行政机关履职的主动性、积极性就会降低，最终将影响环境保护税的征管目的。遵循法治逻辑，就必须对责任的承担主体、责任的分担方式予以明确，否则很容易出现“争权诿责”“权责脱节”的现象。因此，需要明确权责配置制度，保障环境保护税征管协作机制顺利运行。

(三)权责配置在环境保护税征管协作体系建构中的作用

环境保护税以费税改革为基础，征管模式为税务机关与生态环境主管部门协作征管。在此征管模式下，如果不能明确税务机关和生态环境主管部门的权责边界，厘清各部门之间的职责范围，就容易造成协作征管效率低下，各部门职能衔接不畅，责任不够明确，部门间推诿塞责等问题，从而影响协作征管制度预设所期望取得的征管效果。这些无不表明环境保护税征管协作机制的构建，应当建立起完备的权责规范，厘清各参与主体的权力边界，明确各主管部门的职能范围，落实相关法律责任。

1. 明确环境保护税协作征管主体与职责

对行政机关的权力和责任进行划分，是现代法治政府建设的一项重要内容。权责失衡影响行政职能的有效履行以及管理秩序的稳定发展。因此，推进国家治理体系以及治理能力现代化，尤为重要的一点就是实现政府职责体系的优化。[1] 环境保护税征管协作的参与主体主要是政府、税务机关、生态环境主管部门以及其他相关职能部门。环境保护税的征管流程涉及纳税主体的确定、污染物及污染量的监测、相关涉税信息的采集等环节，需要由生态环境主管部门以及其他相关职能部门协作配合；在环境保护税的征收、管理以及稽查等环节则主要由税务机关负责；企业逃漏税问题往往还需要公安机关、司法部门参与治理；建筑施工扬尘环境保护税的征收需要住房和城乡建设局的协助。但是，现行法律规范参与环境保护税征管协作主体的权责范围界定不清，参与协作的具体途径不明，导致征管协作制度实际运行不畅。基于上述分析，在现有法律的指导下，

---

〔1〕 参见田玉麒、张贤明：《从“权力本位”到“责任本位”：政府职责体系建设的理念变革》，载《社会科学研究》2020年第5期。

完善环境保护税征管协作制度，健全各参与主体在协作征管中的权责配置制度，规定各参与主体在配合、协助税务机关履行税收征管职责中的权力边界与职责范围，追究不履行职责所应承担的相关责任，制定科学可行的考评和激励机制，构建起以政府为主导，税务机关负主责，生态环境主管部门协作征管，其他政府部门辅助的环境保护税协作征管体系。

2. 建立环境保护税征管部门协作配合模式

环境保护税协作征管涉及各部门之间的协作，在实际协作过程中，需要多个部门的共同配合才能推动制度的高效运行，各部门在协作征管中发挥着重要作用，倘若其中任何一个部门没有发挥应有的作用都会影响征管目标的实现。为达到跨部门协作征管目标，发挥各部门优势，环境保护税收征管协作应当建立起以政府为主导，税务机关为征管主体，生态环境主管部门与其他相关部门协作征管的模式。但事实上，各部门协作配合的积极性和主动性难以充分调动，各部门之间以及部门工作人员之间相互推诿的情况时有发生。因而，一方面，建立激励与考核评价机制完善环境保护税征管协作权责配置制度，推动树立政府各部门之间的协作治理意识，完善相应的配套保障措施。在树立政府部门协作治理意识方面，应在各级政府的主导下，发挥政府在政策制定和领导力方面的优势，从宏观层面承担起环境保护税征管协作的主导作用。基于整体利益的考虑，把握征管协作的总体方向，积极推动解决政府部门之间、相关主体与政府部门之间的征管协作问题，充分调动相关部门的力量，为环境保护税征管协作添砖加瓦。另一方面，建立税收协作共治的激励和考核机制，对各部门在环境保护税征管协作的工作内容和实际贡献进行直接有效的考核评价，实施相应的奖惩措施，以促进税收征管工作的落实，增强协作部门对相关工作的重视度，增强部门参与协作的积极性和责任意识，从而真正做好环境保护税征管协作工作。

3. 落实环境保护税征管协作相关责任

政府实现其职能的重要形式是税收，税收的征收与管理既是政府权力的体现，也是一种责任。环境保护税的征管涉及环保系统和税收系统的结构性耦合,需要多个部门、多个主体协作参与,只有建立起一套完整可行的责任追究制度,才能保障征管协作落到实处。因此,要保障税收征管协作的实效,解决征管协作形式大于实效的问题,就要从环境保护税征管的法律责任入手,分析其中的责任类型,建立起"权责利"相匹配的责任追究制度。

当前,《环境保护税法》及其实施条例更多地将重点置于税务机关和生态环境两部门的职权和义务上,而在相关的约束条款中并未较多涉及,仅在第23条中规定了可依照《环境保护法》和《税收征收管理法》进行责任追究,但在这两部法律中对于两部门在信息共享和工作配合中出现的追责问题并没有进行规定。如果没有追责制度,容易出现强调权力而轻视责任,相关主体不能履责、不敢履责、不愿履责的现象。环境保护税征管中的责任追究制度存在的不清晰、不合理的问题,很难真正让两部门的协作配合起到作用。以生态环境主管部门为例,在环境保护税的征收过程中,生态环境主管部门主要承担环境保护责任。具体而言,生态环境主管部门需要支持排污企业安装监测设备,同时也要实现自身的智能化监管平台建设,为环境保护税的征收采集到足够全面而准确的信息。另外,依照法律要求,生态环境主管部门还应当与税务机关等加强工作协调,及时完整地向税务机关移交征税信息。针对税务机关提出的信息复核请求,要主动进行调查,并按时完成信息复核任务,保证征税效率。对环境保护税协作征管中环境保护责任的违反,生态环境主管部门如果失职则需要承担相应的政治或法律后果。对于生态环境主管部门而言,这种责任是一种权力,即使缺乏相应的激励机制,生态环境主管部门也应当积极主动履职。因此,建立完善的权责配置制度,协调各主体在征管协作中权责关系,追究渎职等行为的法律责任,有利于实现环境保护税协作征管"责权利"的对称,实现责权利的匹配,进而保障环境保护税征管协作制度有效运行。

二、环境保护税征管协作权责配置的实践困境

我国环境保护税制度从实施三十多年的排污费制度税费改革而来,可以说排污收费制度是我国环境保护税征管权责制度建构的基础。从1982年到2003年,《征收排污费暂行办法》《排污费征收使用管理条例》以及此期

间实施的其他相关法律规范性文件，共同形成我国排污费征管制度体系。排污费征管制度设计主要围绕生态环境主管部门展开，构建起了由生态环境主管部门从征管到使用排污费的制度体系。生态环境主管部门不管是在排污量监测、排污信息采集中，还是在排污费征收、排污费管理抑或是排污费使用等一系列环节中，都处于主导地位，形成了由生态环境主管部门一体承担的权责一体制度框架。这是国家对环境污染行为的一种规制，也是国家控制污染的一种环境经济手段，排污费在本质上属于行政性收费。在这种由生态环境主管部门独立承担权力与责任的制度下，排污费被纳入财政预算，并列入环境保护专项资金，对重点污染、区域性污染的污染防治以及国家重点污染防治项目等提供资金支持，它也是各级生态环境主管部门经费的重要来源。《环境保护税法》制定的一个首要原则就是实现排污费向环境保护税的"税负平移"，承袭了排污费征管中的征税对象、计税依据以及税率标准等涉税内容，但环境保护税征管机制却与排污费征管有着巨大差异。环境保护税征管机制下，生态环境主管部门由之前的排污费全权征管变为环境保护税协助征管，生态环境主管部门的排污费收入变更为税收收入后归入统一预算管理，不再与该部门直接关联。但就征管角度而言，生态环境主管部门的日常工作量并没有太大的调整。这些因素都影响生态环境主管部门作为协作主体的协作配合意愿。此外，政府的统筹协调以及住建局等相关部门的协作配合也影响制度运行的整体效果。总之，《环境保护税法》及其实施条例对各部门之间的协作机制缺乏明确而具体的指引，环境保护税的征收模式、税款使用和管理等具体而又复杂的征管程序和征管协作中的权责配置在实践中面临重重困难。

（一）税务机关征管中的主要问题

环境保护税征收依据核算的专业性及环节的交叉性，决定了环境保护税征收在税务机关主导下需要生态环境主管部门协同参与征管。目前，我国环境保护税按照"收支一条线"的管理原则，由税务机关统一征收、统一管理。实践中，环境保护税征管对象特殊、征管技术难度大并且征管过程中需要生态环境主管部门协作配合。税务机关在实际征管过程中面临着诸多困境，这些问题对环境保护税的高效征管形成阻碍。

1. 难以全面掌握税源信息

环境保护税所指向的征税对象为《环境保护税税目税额表》中规定的大气污染物、水污染物、固体废物以及噪声。税务机关由于缺乏专业的污染监测技术和专业设备，并在环保专业知识等方面有所欠缺，难以独立完成对应税行为的监测，而需要依靠生态环境主管部门以及其他相关部门协助。征税对象的特殊性，给税务机关对税源的监控提出了难题。税务机关对税源信息掌握的难题主要是对纳税人身份识别度不高。掌握准确的纳税信息是实施精准征税的前提。对于税收工作而言，实践中有相当一部分精力其实是用在信息的采集上。《环境保护税法实施条例》规定了由纳税人进行申报，转变了以往生态环境主管部门根据工作职能按照纳税人排放的污染物种类、数量等信息为参考核定缴费单位的模式。税务机关对纳税人进行身份识别，主要通过纳税人所提交的资料以及生态环境主管部门提供的原排污企业名单进行识别。但纳税人对信息的识别能力有限，对信息范围的认知同税务机关的需求之间存在偏差。申报企业财务人员环保知识匮乏、环境保护税征收专业知识掌握不足，导致申报时无法准确提供采集所需的相关信息。

2. 确认计税依据难

目前，排污量的数据主要通过自动监测设备采集和第三方监测机构采集两种方式获取。排污企业根据法律规定，自主安装监测设备，并将监测网络与国家的大数据平台连接起来，主动接受国家机关的监督管理。此外，排污企业还要按时主动向税务机关申报应税污染物的种类、数量以及相关污染物浓度值。污染物的排放具有的特殊性和监测难度，对监测技术、监测设备提出了专业的要求。长期以来，税务机关主要采用会计核算为征税的计量基础，通过纳税人的买卖活动以及单据等获取涉税数据并进行复核。《环境保护税法》将对应税污染物监测的技术性难题交给了生态环境主管部门，由其提供相应的核定事实和数据，税务机关则依据生态环境主管部门核定内容以及纳税人申报信息征收税款。税务机关征收环境保护税的计税依据只能来源于生态环境主管部门提供的数据和监测结果。长此以往,税务机关的征管权将严重依赖生态环境主管部门。

3. 涉税疑点风险核实难

环境保护税是根据排污者排放污染物的数量进行征税,其税源并不为国家所直接掌控,因此缴税方式为直接缴纳,即税务机关通过数据核算作出征税决定,纳税人据此将税款足额存入指定银行账户。若要实现精准征税、全面征税、及时征税,税务机关首先必须就税务信息进行核实,确认征税数据不存在缺漏;其次还要按照具体计算方法,得出确切税额,并通知纳税人缴税。如果纳税人有缓缴、拒缴或逃税行为,税务机关必须采取相应手段,保证征税权实现。《环境保护税法》规定,税务机关应当将纳税人申报的信息与生态环境主管部门移送的信息进行比对,若发现异常则提请生态环境主管部门进行复核。由于环境保护税的信息并非一般的会计信息,而是排污信息,受限于污染物排放的瞬时性、不可复制性以及相关业务人员的环保专业性不高,税务机关通过传统查账方式无法有效完成税务检查,并不充分掌握此种数据的核算能力。在实际工作中,虽然税务机关就异常数据提出复核申请,但因税务机关不具备参与环境保护税实际核定的监测技术和能力,仅能根据生态环境主管部门出具的复核意见进行审核,这使税务机关对违法申报的情形难以实现有效的制约,影响了环境保护税的实际征收效果。

4. 缺乏专业技术人员支撑

环境保护税作为一种不同于其他税种的全新税种,征管过程有较高的环境技术性和专业性,这种技术要求对税收征管人员是一个很大的挑战。税收征管人员是税收征管工作中的具体执行人员,生态环境主管部门的协作配合仅提供辅助作用,这就对税务机关工作人员的业务水平和专业能力提出了考验。以环境保护税的相关应税信息为例,税务机关的相关业务人员需要对应税污染物类型、污染物当量值以及相关排污系数法、物料衡算法、抽样测算法此类专业测算方法等专业知识熟练掌握并运用。此外,环境保护税不同于其他税种的一个重要特点是,税务机关不能简单依据企业的会计账簿,通过基本税收算法进行核定征收,而是应当在确定应税污染物的类型的基础上,运用复杂的计税依据和核算方法进行核定,这些都需要环保知识和监测技术的支撑。缺乏相关环保专业人员的业务支撑,也为环境保护税的征管带来难题。实际调研显示,在2018年环境保护税开征之初,税务机关联合生态环境主管部门进行过环境保护税相关业务培训,但由于环保专业的特殊性和专业难度较高,短时间内并不能快速提升基层征管人员素质及业务能力。显然,相关工作人员对环境保护税业务知识掌握不足等因素,都对环境保护税征管的实际运作产生影响。

(二)生态环境主管部门协作征管中的主要问题

在排污费改税后,生态环境主管部门由排污费的收缴主体转变为环境保护税征管的协作主体,这一转变使其原有的征管利益受损,但征管职责并没有太多降低。权责不匹配、协作意愿不足等因素是影响生态环境主管部门协作税务机关征收环境保护税的主要因素。实践中,生态环境主管部门在协作征管中主要存在以下几方面的突出问题。

1. 生态环境主管部门数据复核压力大

《环境保护税法》规定,生态环境主管部门应当在一定期限内对税务机关提请的相关涉税疑点信息进行复核并出具复核意见。具体复核流程如图6-1所示。

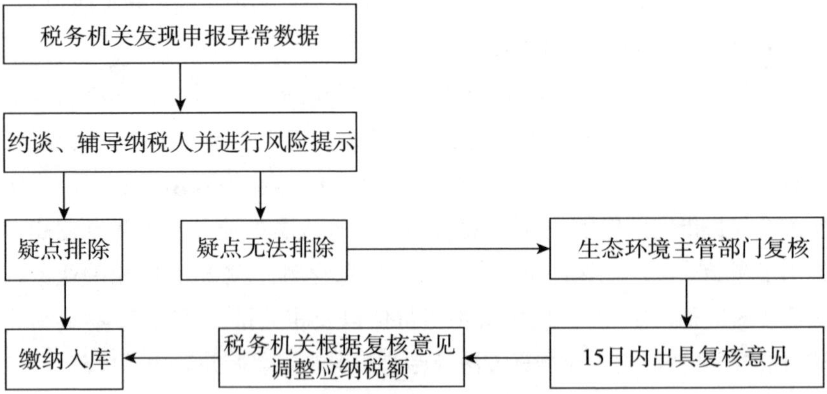

图6-1　环境保护税复核流程

若生态环境主管部门未及时就涉税疑点信息提供复核意见,那么环境保护税的复核流程将无法继续推进。在实际征管过程中,两部门复核机制的运行,一方面依靠各省税务机关与生态环境主管部门建立的环境保护税涉税信息共享平台,另一方面依靠税务机关以发公函的形式要求生态环境主管部门提供部分数据,生态环境主管部门根据公函内容和相关科室职责分工向下派发并出具复核意见。因复核规定期间较短,且排污量等涉税数据获取难、复核难度大以及部门配合机制约束性及惩戒性不强等因素都影响环境保护税复核机制的实际运行效果。

2. 生态环境主管部门数据统计传送工作量大

《环境保护税法》等相关法律法规规定了生态环境主管部门对污染物进行监测管理的职责。生态环境主管部门监测,不仅要掌握排污主体的排污行为,也要对排污主体的排污信息实施记录,形成环境保护税征收的具体依据。换言之,生态环境主管部门肩负着涉税信息的采集任务,要为环境保护税的征收提供重要的前端准备。在环境保护税协作征管模式下,由纳税人自行申报排污数据,税务机关、生态环境主管部门利用涉税信息共享平台进行数据传递,并根据疑点信息进行复核。但是,当前的涉税信息还不能实现全面共享,部门之间的信息传递并不十分顺畅。此外,由于部门机构职能设置、人员变动等因素影响,税务机关和生态环境主管部门间信息交换的质量与频率低,影响环境保护税的征管效果。生态环境主管部门递送数据的积极性和主动性不高,致使监测、征收等环节脱节,涉税数据传递受阻,对纳税人申报的环境保护税污染物排放数据以及税额的真实性无法及时核实。

3. 协作保障机制不健全

在环境保护税制度下,生态环境主管部门负责对应税污染物的监测管理,并提供有关的辅导、培训和咨询服务,配合实施税务检查。生态环境主管部门在承担本部门的职能之外,还需要承担起环境保护税征管协作的辅助职能,这对其配合税务机关的协作动力提出了挑战。排污费征收时期,《排污费征收使用管理条例》对排污费的使用情况进行了专章规定,建立了体系化的排污费资金使用制度,明确环境保护专项资金专款专用。税负平移后,有关环境保护税的收益分配仅明确将其作为地方税的收入归属,不与中央分成,但并未规定为环境保护税收入的最终归属,地方政府对这项财政资金的统筹使用也影响了生态环境主管部门的履职效果。与排污费时期的环境保护专项资金专款专用相比,生态环境主管部门能真正用于环境治理工程中的资金有所欠缺,但所要履行的义务却更为繁重。建设经费的不足,直接影响到生态环境主管部门的监测技术、设备以及专业人员的配备等能力建设,进而打击了生态环境主管部门参与协作的积极性。

4. 协作责任不清晰

《环境保护税法》及其实施条例将具有排污费征管经验的生态环境主管部门引入,并发挥税务机关的税收征管优势,建立起环境保护税征管协作机制。跨部门协作征管应当建立在相互配合、共享优势、分担职责的基础上,如果生态环境主管部门不作为、不合作,则会制约环境保护税的有效征管。《税收征收管理法》第 5 条规定,其他单位有协助税务机关依法执行职责的义务。但对生态环境主管部门不完成协作任务需要承担何种责任、后果,缺乏具体的约束,部门协作责任不清,致使生态环境主管部门缺乏协作动力,难以保障征管协作制度的系统和高效运行。

(三)环境保护税协作征管中政府存在的问题

在环境保护税开征前,多地地方政府已经建立起多部门协作工作机制,组成环境保护税征管工作领导小组,由财政、税务以及生态环境主管部门共同参与。为进一步明确职责分工,相关部门还签发了一系列环境保护税征管协作管理办法等文件。为解决环境保护税征管实际工作中面临的问题与困难,建立起联席会议制度,组织相关部门定期召开会议,就重大问题进行通报,并建立起信息共享制度等。但在实践中,各地部门之间协作关系仍存在一些突出问题。首先,在环境保护税征管实际工作中,政府难以行使好领导、协调和监督等职能。目前,虽然已经建立起联席会议制度,但联席会议多以年度或者季度为单位召开,会议间隔时间较长,无法及时协调和解决跨部门协作征管过程中产生的疑难问题。其次,政府对环境保护税征管工作没有充分发挥监督和协调作用,对环境保护税涉税信息共享平台建设的资金保障不足和协调支持力度不够,对税务机关与生态环境主管部门双方信息平台衔接的统筹协调工作支持不足,由此产生的部门信息不对称以及协作不畅等问题都对税务机关的征管行为产生影响,降低了税收征管质效。

(四)环境保护税征管中其他相关部门协作现状

《环境保护税法》规定,由县级以上的各级政府统筹协调相关涉税单位,建立起工作配合机制。由于环境污染的复杂性和多样性,单个职能部门的职责范围无法有效覆盖,仅依靠生态环境主管部门无法有效掌握环境污染情况。在环境保护税征管协作中需要住建、交通等多个部门的协作配合,但跨部门协作的相关内容也存在职责范围不明、责任落实不到位等现实问题。[1] 相关部门在涉税信息的提供中存在部门之间相互推诿,"信息孤岛""碎片化治理"等问题频频出现,跨部门协作制度中信息沟通和共享机制不足,常态化部门联动机制不健全。此外,跨部门协作成效、跨部门协作的积极性和有效性亟待加强。

三、环境保护税征管协作权责法律制度分析

当前,我国已经就环境保护税征管的相关问题进行了专门立法,形成了较为完备的法律制度体系。国家层面的环境保护税征管相关立法主要是全国人大常委会制定的《环境保护税法》及其实施条例,地方层面有各省(自治区、直辖市)、市、县区有关环境保护税征管协作的通知办法。下文以环境保护税征管主体为主线进行相关法律法规的梳理,以环境保护税征管协作中的权责配置为中心,分析各参与主体的权责谱系,回应环境保护税征管协作权责法律制度的不足与实施疑难问题。

(一)税务机关的征管权责规范

税务机关是税收征管权的行使主体,因为环境保护税本质上是一种财政工具,所以必须由专门机关行使征管权力。根据《环境保护税法》第14条[2]和《税收征收管理法》第2条规定[3],税务机关在环境保护税征

---

[1] 参见彭彬彬、杜慧滨、踪家峰:《大气污染联防联控跨部门协作影响因素研究——以移动源治理为例》,载《经济与管理》2021年第5期。

[2] 《环境保护税法》第14条第1款规定:"环境保护税由税务机关依照《中华人民共和国税收征收管理法》和本法的有关规定征收管理。"

[3] 《税收征收管理法》第2条规定:"凡依法由税务机关征收的各种税收的征收管理,均适用本法。"

管中处于合法主体地位，环境保护税并非由多个部门共同征管，其他行政主体仅处于辅助地位。此外，根据《环境保护税法》第 15 条的规定，税务机关应当与生态环境主管部门建立起涉税信息共享平台和工作配合机制，[1]并向生态环境主管部门定期交送涉税信息。[2] 为保障税款足额入库，保证环境保护税征收质效，《环境保护税法》第 20 条又规定，税务机关在发现纳税人申报异常后可以提请生态环境主管部门进行复核。[3] 在责任承担上，同样适用《税收征收管理法》《环境保护法》和有关法律法规的规定追究税务机关及其工作人员的法律责任。税务机关在环境保护税征管中的权责具体分析如表 6－1 所示。

表 6－1　税务机关环境保护税征管权责

<table>
<tr><th colspan="3">权责</th><th colspan="2">制度依据</th></tr>
<tr><td rowspan="2">主体定位</td><td colspan="2" rowspan="2">征管主体</td><td>税收征收管理法</td><td>第二条、第五条</td></tr>
<tr><td>环境保护税法</td><td>第十四条</td></tr>
<tr><td rowspan="3">权力划分</td><td rowspan="2">征收管理</td><td rowspan="2">税务机关依法履行环境保护税纳税申报受理、涉税信息比对、组织税款入库等职责</td><td>环境保护税法</td><td>第十四条</td></tr>
<tr><td>环境保护税法实施条例</td><td>第十二条</td></tr>
<tr><td>税额确定</td><td>税务机关会同生态环境主管部门核定污染物排放种类、数量和应纳税额</td><td>环境保护税法</td><td>第二十条
第二十一条</td></tr>
</table>

[1] 《环境保护税法》第 15 条第 1 款规定："生态环境主管部门和税务机关应当建立涉税信息共享平台和工作配合机制。"

[2] 《环境保护税法》第 15 条第 3 款规定："税务机关应当将纳税人的纳税申报、税款入库、减免税额、欠缴税款以及风险疑点等环境保护税涉税信息，定期交送生态环境主管部门。"

[3] 《环境保护税法》第 20 条规定："税务机关应当将纳税人的纳税申报数据资料与生态环境主管部门交送的相关数据资料进行比对。税务机关发现纳税人的纳税申报数据资料异常或者纳税人未按照规定期限办理纳税申报的，可以提请生态环境主管部门进行复核，生态环境主管部门应当自收到税务机关的数据资料之日起十五日内向税务机关出具复核意见。税务机关应当按照生态环境主管部门复核的数据资料调整纳税人的应纳税额。"

续表

<table>
<tr><th colspan="3">权责</th><th colspan="2">制度依据</th></tr>
<tr><td rowspan="4">征管义务</td><td rowspan="2">定期交送环境保护税涉税信息</td><td>税务机关应当将纳税人的环境保护税涉税信息,定期交送生态环境主管部门</td><td>环境保护税法</td><td>第十五条第三款</td></tr>
<tr><td>税务机关应当依据生态环境主管部门交送的排污单位信息进行纳税人识别,并对没有对应信息的纳税人进行纳税人识别,并将相关信息交送生态环境主管部门</td><td>环境保护税法实施条例</td><td>第十六条</td></tr>
<tr><td rowspan="2">建立涉税信息共享平台和工作配合机制</td><td rowspan="2">生态环境主管部门和税务机关应当建立涉税信息共享平台和工作配合机制</td><td>环境保护税法</td><td>第十五条第一款</td></tr>
<tr><td>环境保护税法实施条例</td><td>第十四条</td></tr>
<tr><td>责任承担</td><td colspan="2">税务机关及其工作人员的法律责任依据《税收征收管理法》《环境保护法》和有关法律法规的规定进行追究</td><td>环境保护税法</td><td>第二十三条</td></tr>
</table>

(二)生态环境主管部门的协作征管权责规范

我国《环境保护法》规定了生态环境主管部门对环境保护工作的监管工作。[1] 生态环境主管部门既被授予环境治理权能,也被赋予环境治理义务。生态环境主管部门作为行政主管部门,有充分的管理经验和管理能力,对污染治理有成熟的处理流程和处置方式。其中,对排污种类、排污数量、排污影响进行监测和评估,是生态环境主管部门的一项重要职能。环境保护税的“环保红利”能否实现,依赖生态环境主管部门的全面履职。《环境保护税法》及其实施条例规定了生态环境主管部门依法对应税污染物进行监测管理并负责,其监测工作不仅对排污主体的排污行为

〔1〕《环境保护法》第10条第1款规定:“国务院环境保护主管部门,对全国环境保护工作实施统一监督管理;县级以上地方人民政府环境保护主管部门,对本行政区域环境保护工作实施统一监督管理。”

有所掌握，也记录了排污主体的排污信息，从而形成环境保护税征收的具体依据。换言之，生态环境主管部门肩负着涉税信息的采集任务，为环境保护税的征收提供了重要的前端准备。此外，生态环境主管部门应当与税务机关建立起信息共享平台与工作配合机制，并定期向税务机关交送涉税信息，如排污单位的污染物排放数据和排污许可等。在环境保护税复核环节，生态环境主管部门应当积极配合税务机关，并在规定时间内出具复核意见。在责任承担方面，主要依据《环境保护法》《税收征收管理法》对生态环境主管部门及其工作人员的法律责任进行追究，但实际上《环境保护法》并未规定违反税收课征职责承担的法律责任，而《税收征收管理法》中也没有规定生态环境主管部门的法律责任。生态环境主管部门环境保护税征管权责具体内容见表6－2。

表6－2　生态环境主管部门环境保护税征管权责

<table>
<tr><th colspan="3">权责</th><th colspan="2">制度依据</th></tr>
<tr><td rowspan="3">主体定位</td><td colspan="2" rowspan="3">协作主体</td><td>生态环境部职能配置、内设机构和人员编制规定</td><td>生态环境部负责生态环境监测工作，制定生态环境监测制度和规范、拟订相关标准并监督实施。</td></tr>
<tr><td>环境保护法</td><td>第十条、第十七条</td></tr>
<tr><td>环境保护税法</td><td>第十四条第二款</td></tr>
<tr><td rowspan="4">权力划分</td><td rowspan="2">污染物监测管理</td><td rowspan="2">负责应税污染物监测管理，制定和完善污染物监测规范</td><td>环境保护税法</td><td>第十四条第二款</td></tr>
<tr><td>环境保护税法实施条例</td><td>第十二条第二款</td></tr>
<tr><td rowspan="2">核定数据</td><td>应税污染物排放量等数据按生态环境主管部门规定的方法核算</td><td>环境保护税法</td><td>第十条
第二十一条</td></tr>
<tr><td>纳税人申报数据有误或不一致，以生态环境主管部门交送的数据确定应税污染物的计税依据</td><td>环境保护税法实施条例</td><td>第二十条
第二十一条</td></tr>
</table>

续表

权责			制度依据	
征管义务	定期交送环境保护相关信息	将排污单位的排污许可、污染物排放数据、环境违法和受行政处罚情况等环境保护相关信息,定期交送税务机关	环境保护税法	第十五条第二款
			环境保护税实施条例	第十五条
	建立涉税信息共享平台和工作配合机制	生态环境主管部门和税务机关应当建立涉税信息共享平台和工作配合机制,并制定涉税信息共享平台技术标准以及数据采集、存储、传输、查询和使用规范	环境保护税法	第十五条第一款
			环境保护税法实施条例	第十四条
	出具数据复核意见	出具对税务机关提请复核的纳税人的纳税申报数据资料异常或者纳税人未按照规定期限办理纳税申报的复核意见	环境保护税法	第二十条第二款
			环境保护税法实施条例	第十五条
责任承担	生态环境主管部门及其工作人员的法律责任依据《环境保护法》《税收征收管理法》等有关规定进行追究		环境保护税法	第二十三条

(三)政府在环境保护税征管中的权责规范

政府在环境保护税征管协作中主要发挥统筹主导作用。环境保护税征管涉及多个部门的协同配合,但在出现职能衔接问题时,需要由地位高于这些职能部门的人民政府进行统筹协调、统一监管。

从中央层面来看,《税收征收管理法》第5条规定,地方各级人民政府应当依法领导或协调本行政区域内的税收征管工作。[1]《环境保护税

---

〔1〕《税收征收管理法》第5条第2款规定:"地方各级人民政府应当依法加强对本行政区域内税收征收管理工作的领导或者协调,支持税务机关依法执行职务,依照法定税率计算税额,依法征收税款。"

法》第14条规定,政府应当建立起跨部门分工协作工作机制,[1]政府作为"纽带"应当串联起每个相关涉税主体。从地方层面来看,主要通过颁布关于建立环境保护税征管准备工作协作机制的通知等地方工作文件进行规定,由政府成立包括生态环境主管部门、税务机关以及其他协作参与部门有关负责人在内的环境保护税征管准备工作领导小组,建立联席会议制度,协调解决税法实施中出现的主要问题,强化各成员单位的分工与配合,明确相关部门的责任分工。政府在环境保护税征管中的权责,如表6-3所示。

表6-3 政府在环境保护税征管中的权责

权责	制度依据	
中央层面	税收征收管理法	第五条
	环境保护税法	第十四条第三款 第二十四条
	环境保护税法实施条例	第十三条
	国家税务总局关于进一步加强税收征管基础工作若干问题的意见	九、加强部门协作配合,推进社会综合治税 各地税务机关要积极争取当地政府的支持,加强与工商、公安、海关、劳动、社保、城建、交通、银行、外汇管理、技术监督部门以及其他行业主管部门的工作配合,充分发挥政府基层组织、税务代理等社会中介组织的作用,加强社会综合治税、开展协税护税工作,提高税务机关税源监控能力

[1]《环境保护税法》第14条第3款规定:"县级以上地方人民政府应当建立税务机关、生态环境主管部门和其他相关单位分工协作工作机制,加强环境保护税征收管理,保障税款及时足额入库。"

续表

权责			制度依据
地方层面	黑河市	市政府成立黑河市环境保护税征管准备工作领导小组,小组由市财政局、市地税局、市环保局组成,加强市环境保护税征管准备工作的统筹协调	黑河市人民政府办公室关于建立黑河市环境保护税征管协作机制的通知
	宜宾市	市政府成立市财政局、市地税局、市环境保护局等有关部门主要负责人为成员的环境保护税征管工作协调领导小组,切实加强环境保护税征管准备工作的组织领导	宜宾市人民政府办公室关于建立环境保护税征管准备工作协作机制的通知
	宁波杭州湾新区	成立领导小组,全面部署、指导新区环境保护费改税工作,贯彻落实环境保护税法,确定新区贯彻落实环境保护税法工作方案,统筹把握税法实施工作进度。强化各成员单位的分工与配合,明确相关部门的责任分工。建立联席会议制度,协调解决税法实施中出现的主要问题	宁波杭州湾新区贯彻落实环境保护税法工作方案
	宁波东钱湖旅游度假区	成立领导小组,全面部署、指导区环境保护费改税工作,贯彻落实环境保护税法,确定区贯彻落实环境保护税法工作方案,统筹把握税法实施工作进度;强化各成员单位的分工与配合,明确相关部门的责任分工;建立联席会议制度,协调解决税法实施中出现的主要问题	宁波东钱湖旅游度假区贯彻落实环境保护税法工作方案
	周口市	各县(市、区)政府要履行职责,于2018年2月10日前建立本地环境保护税征管工作协同机制。各县(市、区)于每季度终了30日内,向市环境保护税征管工作领导小组报送环境保护税开征重点工作台账	周口市人民政府办公室关于做好环境保护税征管工作的通知

（四）其他相关部门在环境保护税征管中的职责规范

《环境保护税法》第 14 条第 3 款规定，政府需要统筹协调各涉税单位，组织建立起工作配合机制。该条文中提到了“其他相关单位”，但只作出了概括性表达，并非明确列举。从出台的地方层面的政府工作文件，可以看出一般情况下，是在政府组织下建立起由地方财政局牵头的，包括公安、工商、城建、畜牧等多个有关单位在内的环境保护税征收协调配合机制，多部门相互配合，形成一个共同致力于环境保护税征管工作的系统。其他相关部门在环境保护税征管协作中的权责具体见表 6－4。

表 6－4　其他相关部门在环境保护税征管协作中的权责

<table>
<tr><th colspan="3">权责</th><th colspan="2">制度依据</th></tr>
<tr><td colspan="3" rowspan="5">中央层面</td><td>税收征收管理法</td><td>第六条
第十七条</td></tr>
<tr><td>环境保护税法</td><td>第十四条第三款
第二十四条</td></tr>
<tr><td>环境保护税法实施条例</td><td>第十三条</td></tr>
<tr><td colspan="2">国务院办公厅关于各部门配合税务机关加强税收征管工作的通知</td></tr>
<tr><td colspan="2">国家税务总局关于进一步加强税收征管基础工作若干问题的意见</td></tr>
<tr><td rowspan="2">地方层面</td><td>黑河市</td><td>加强部门协作，各有关部门按照规定时限、任务分工，抓好工作落实</td><td colspan="2">黑河市人民政府办公室关于建立黑河市环境保护税征管协作机制的通知</td></tr>
<tr><td>宜宾市</td><td>区财政局牵头会同税务、环保部门加强环境保护税法实施工作的统筹协调和部署推动</td><td colspan="2">宜宾市人民政府办公室关于建立环境保护税征管准备工作协作机制的通知</td></tr>
</table>

续表

<table>
<tr><th colspan="3">权责</th><th>制度依据</th></tr>
<tr><td rowspan="4">地方层面</td><td>宁波杭州湾新区</td><td>1. 新区管委会牵头，建立各部门间的协调配合机制
2. 新区财政局牵头，会同税务、环保部门加强环境保护税法实施工作的统筹协调和部署推动</td><td>宁波杭州湾新区贯彻落实环境保护税法工作方案</td></tr>
<tr><td>宁波东钱湖旅游度假区</td><td>1. 财政局牵头会同税务、环保部门加强环境保护税法实施工作的统筹协调和部署推动。
2. 建设局做好排污费征管数据和档案信息交接工作；协同税务机关做好征管的本地参数配置、测试工作；组织安装信息共享平台，共同做好信息系统测试工作，确保信息共享平台运转顺利；配合税务机关完成涉税数据复核及相关培训学习工作</td><td>宁波东钱湖旅游度假区贯彻落实环境保护税法工作方案</td></tr>
<tr><td>云南省</td><td>环境保护税预算及征缴管理规定，由省财政厅等部门制定实施</td><td>云南省人民政府关于环境保护税收入归属问题的通知</td></tr>
<tr><td>周口市</td><td>1. 市财政局牵头，会同市地税局、市环保局等部门负责全市环境保护税征管工作的指导和组织协调。
2. 市财政局、市地税局、市环保局、市畜牧局、人行周口市中心支行要细化工作任务、落实责任单位和责任科室、明确完成时限、确保高效运转。
3. 各县(市、区)政府要履行职责，于2018年2月10日前建立本地环境保护税征管工作协同机制</td><td>周口市人民政府办公室关于做好环境保护税征管工作的通知</td></tr>
</table>

续表

权责			制度依据
地方层面	佳木斯市	市财政局为牵头单位,会同地方税务局、环境保护局、发展改革委、工信委、城乡建设局、新时代城投公司、畜牧兽医局、农委组成环境保护税征管协作部门	佳木斯市人民政府办公室关于建立环境保护税征管工作部门协作机制的通知

四、环境保护税征管协作权责配置的问题与成因分析

以主体类型为视角分析不同主体在环境保护征管实践中面临的现实问题,可以发现当前环境保护税征管协作中存在的权责利不匹配的深层次问题。究其根源,是自排污费改征环境保护税以来,征管协作内外部体制构建无法实现权责一致,未建立与之相匹配的制度保障。

(一)征管参与主体权责划分不清

《环境保护税法》作为一部税收单行法,其征税主体是税务机关。但该法却按照"企业申报、税务征收、环保监测、信息共享"的原则进行设计,突出生态环境主管部门的职责和义务。如此安排,是基于环境保护税征收的复杂性而设定的。由于环境保护税的计税依据是应税污染物的污染当量、排放量和分贝数,其以环境保护为首要目的,财政收入为次要目的。[1] 所以,征税过程有明显的技术性质,这对以会计核算为业务基础的税务机关来讲,无疑是个挑战。出于此种考虑,环境保护税立法特别强调生态环境主管部门对税务机关的协调配合。其实不止于此,地方在制定实施细则时,都对横向的部门协作机制寄予厚望,除了生态环境主管部门以外,还要求其他部门积极参与。例如,《防城港市环境保护税征管协作办法》成立了税收征管协作领导小组,其成员就包括税务局、环保局、财政局、发改委、工信委、水产畜牧兽医局、市政管理局等。但是,部门之间的协作壁垒并不会因为议事协调机构的建立而被轻易打破,如果缺乏足

〔1〕 参见叶金育、褚睿刚:《环境税立法目的:从形式诉求到实质要义》,载《法律科学》2017 年第 1 期。

够的责任划分和激励机制，各部门的资源与优势难以得到有效发挥，仍会陷入“孤岛困境”之中。[1]

因此，从权责配置角度来看，有多大权力，就应该承担多大责任。权力过大，责任过小，就容易导致行政权的扩张和泛滥；权力过小，责任过大，又容易打击行政部门的积极性和担当性。环境保护费税改革，对生态环境主管部门和税务机关的职能冲击最大，随之而来的就是对两者的法律责任进行划分，否则，将影响各自的权能发挥。目前，已有法律和法规对于征管及协作各方的责任权限划分较为笼统，在具体实际工作中，需要面对的诸如协作征管不力而造成的责任承担等现实问题，尚未有明确规定。相较于排污费制度，环境保护税立法减去了生态环境主管部门对环境保护税收入的使用权、管理权和监督权，使生态环境主管部门的义务增加，但未明确其法律责任，从而产生征管的裂缝，使环境保护税征管运行效率受到阻碍。在现行环境保护税征管协作机制下，相关主体权责划分不清，进而引发部门权责配置不合理的问题。一方面，生态环境主管部门有征管能力，但职权不足；另一方面，税务机关无征管能力，但责任过重。如果不能扭转这种权责错位的局面，就会面临环境保护税征管效率低下和相关部门之间推诿塞责的困境。

（二）协作激励保障机制不健全

建立权责落实保障机制，与权责配置本身同样重要。组织目标的实现需要合作治理主体间的资源依赖与相互补充。[2] 由于环境保护税征管的复杂性、特殊性，以往单一治理主体不能拥有足够的资源和能力独自解决和处理征管中面对的问题，环境保护税征管目标的实现需要多个主体之间资源支持、互通有无、相互补足。排污费征收时期，生态环境主管部门被赋予排污费收入专用以及部门经费支持等诸多激励保障机制。但

〔1〕 参见吕健俊、陈柏峰：《基层权责失衡的制度成因与组织调适》，载《求实》2021 年第 4 期。

〔2〕 参见沈费伟、刘祖云：《合作治理：实现生态环境善治的路径选择》，载《中州学刊》2016 年第 8 期。

现行法律并未对环境保护税部门之间协作的具体内容、协作经费的负担以及相应保障制度进行明确且具体的规定,缺乏对生态环境主管部门的激励与保障机制设计。目前,国务院通知中仅明确环境保护税收入直接归地方所有,中央不参与分成,但并未明确环境保护税款的具体用途。面对排污费收入缺失,部门利益受损的生态环境主管部门,为提高其配合积极性,促进征管协同,有必要完善环境保护税收入管理,给予生态环境主管部门足够的经费保障。此外,环境保护税征管中税务机关对污染物数据以及环保专业知识掌握不足以支撑征管的原因之一,就是税务系统缺乏环保知识的税务专业化复合型人才。税务系统内部人员结构配置不合理,人才培养与科学管理不充分,归根结底仍是相应的配套保障措施建设不到位所导致。

激励是在一定的条件下,组织结合个体自身特点进行有效的制度设计,激发组织成员积极性和主观能动性并向组织目标努力的行为。激励机制则是实施这一系列制度的总和。[1] 生态环境主管部门以及其他相关部门协作积极性不高的另一个重要原因即是缺乏一定的激励机制。在生态环境主管部门与税务机关日常涉税信息互相交送的工作中,相关法律仅规定双方应当建立信息共享平台和工作配合机制,缺乏对双方的协调沟通工作的考核性评价。这导致在机制实际运行中,仅凭借相关部门工作人员的工作自觉性和部门对该项工作的重视程度来推动双方的协调沟通和信息传递,部门协作配合积极性当然不高。

(三)风险防范制度建设不足

税务风险管理贯穿于税收征管过程的始终,合理分配税收征管资源,运用税务风险管理方式方法,有利于提高税收征管的质量,防范税收风险。税收风险管理是指税务机关运用风险管理理论与方法,通过风险预警、纳税评估等手段对税收风险进行防范和管理,税收风险管理是整个税

---

〔1〕 参见张玉磊:《公务员激励失灵及其制度矫正》,载《长白学刊》2018 年第 4 期。

收工作中的重要一环。[1] 税务机关为解决税收征管资源不足、征管能力与征管需求不匹配、征纳主体信息不对称、涉税事项管理有限性等现实问题而引入风险管理。

环境保护税具有自身特殊属性,其涉及的风险情况更为复杂,税收风险防范与应对难度也更大。在实际调研中发现,税务机关对环境保护税征管也进行了专项的风险应对。以湖北省某市为例,该市针对“大气污染物和水污染物排放量同比比较”“纳税人申报数据与生态环境主管部门传递的在线监测数据不一致”“应税污染物实测浓度高于标准浓度”“纳税人申报减免税信息异常”“排污(产污)系数数值异常变动”“申报表征收品目数量异常”“同一月份、同一排口废气(污水)排放量不一致”这七项指标进行数据筛选,进行疑点信息风险识别。税务机关承担税款征收和风险识别、发现疑点信息及时提请生态环境主管部门审核的责任。相关涉税数据的质量直接关系到税务风险识别以及应对反馈等结果。当前,在纳税人自主申报数据的情况下,税务机关依据纳税人的申报资料进行数据筛选、疑点分析的能力不足,需要通过生态环境主管部门、住房和城乡建设局等第三方获取信息数据。由于税务机关不具备识别应税污染物以及监测污染物排放量等专业技术,它必须借助协作部门的力量,很难凭借一己之力实现对环境保护税的高效征管。但是,其他部门对于税务系统内部的风险管理体系和关键性指标是无法进行准确判断的,这就导致环境保护税的风险监控指标的选用严重依赖生态环境主管部门以及其他相关部门。但其他部门的协作意愿不强、配合度不高,不能形成一个制度化、规范化的数据共享体系,不能实现跨部门间的信息有效传递,环境保护税税收风险管理的质量和效率不高。

---

〔1〕 参见楚文海、江爱芳:《区块链技术在税收风险管理中的应用探析》,载《会计之友》2020 年第 23 期。

（四）协作责任追究机制不完善

明确责任内容以及履责方式是责任追究的前提。随着责任型政府建设的推进，行政部门自上而下进行了制度建设，通过权责清单制度，明确相关责任内容、履责方式，实现了“法无授权不可为，法定职责必须为”。税务机关内部专门针对税收征管实操的征管、纳税服务等规范，基本统一了全国基层税务机关的履责标准。2018 年修正的《环境保护税法》施行后，对环境监测不力、组织指挥无序以及现场检查失范等环保行政过错责任追究以及环境执法人员失职行为追责的力度不断加大，政府对生态环境主管部门的工作能力和水平都提出了更高要求，责任范围也在加大。[1] 在省以下环保机构垂直管理改革后，生态环境主管部门的责任追究制度也不断完善。有关部门的权责制度建设很好地规范了部门责任的履行，但这些制度规范侧重于对责任主体如何履责的规定和指引，而在环境保护税征管协作中涉及的跨部门协作责任事项和追责情形方面并不明确，对相关过错标准、量责依据等缺乏刚性要求。此外，责任追究虽以追责为主，但考虑到跨部门协作的现实困境和局限性，容错纠错机制的检视也是不可或缺的。而在实践中，部门容错纠错机制的运用较少，一定程度上影响了权责配置制度的运行。

五、完善环境保护税征管协作权责配置的建议

环境保护费改税，无疑是我国提升环境治理能力和治理水平的重要途径，也是我国运用综合手段实施生态文明建设的重要体现。环境保护税从实施至今产生了一定的正面效果，但我国环境保护税征管法律制度仍然存在明显不足，环境保护税征管协作机制实际运行不畅。笔者认为，应从权责配置角度出发，坚持责权利对称的原则，落实参与征管协作各主体的权责，推进优化环境保护税征管协作激励保障机制，健全责任追究制度，完善环境保护税征管协作权责配置制度，进而切实增强环境保护税的

[1] 参见熊超：《我国生态环境主管部门职责履行责任清单机制构建——以环保部门机构垂直管理改革为背景》，载《学术论坛》2020 年第 5 期。

征收效果,实现环境保护税征管目标。

(一)坚持责权利对称的原则

长期以来,经典组织理论都将责权一致或者责权利对称作为组织设计的重要原则。责权利相辅相成、相互制约、相互作用。责权利对称是指统一集中于同一政府主体的责任、权力与利益分别对等。责权利对称才能更好调动政府履职的积极性。[1] 应践行责权利对称的原则,让不同行政机关在权力行使中感受到负担平衡。在环境保护税的征管协作机制运行过程中,税务机关与生态环境主管部门之间存在"责任""权力""资源"不相匹配的情况。基于生态环境主管部门作为环境保护税征管中协作主体的法律定位,生态环境主管部门的税费征管权能被削减,但涉税信息采集的义务却增加了。而且,相关的经费保障和人员配置等建设资源缺位,生态环境主管部门责权利没有实现合理配置,难免出现动力不足、避责卸责的现象。而实践中却又存在一个"悖论",那就是税务机关虽然处于税收征管的主导地位,但由于能力不足严重依赖生态环境主管部门的职能行使。长此以往,生态环境主管部门反而成为征税的真正决策者;又因其隐匿于税务机关背后而不用为自己的决策负责,这显然违背了"有权必有责"的法治原则。权责一致并不是"权力"与"责任"的简单对应,而是包含权力与积极责任、消极责任之间的关系。因而,与权力对应的责任,既包括权力主体"应该履行哪些职责",还包括权力主体"没有履责而应承担的后果"。总之,应坚持权责一致,重新建构环境保护税征收中的责任体系,让生态环境主管部门从"幕后"走向"台前",同时明确其责任大小,促使其积极履职、主动担责。

虽然权责一致是公共行政的理性状态,然而权责关系的历史发展进程更像是一个权责不断背离的过程。[2] 环境保护税涉及的核心职权包

---

〔1〕 参见曹啸虎:《浅谈如何以责权利一致原则深入实施工学结合》,载《职业》2014年第12期。

〔2〕 参见郭蕊:《权责关系的行政学分析》,中国社会科学出版社2014年版,第94~95页。

括环保监测权和税务征收权。按照现行法律规定,前者由生态环境主管部门履行,后者由税务机关履行。根据责权利对称原则,生态环境主管部门应当担负起环保监测责任,而税务机关应当担负起税务征收责任。但两者属于程序衔接关系,税务机关征税权的行使有赖于生态环境主管部门监测权的实施。所以,如同两河汇流一般,当程序发生流转时,责任也会随之进行转移。换言之,在信息未移交到税务机关之前,生态环境主管部门单独承担信息采集中的法律责任。一旦税务机关接收生态环境主管部门移送的信息,并对这些信息做了确认,那么生态环境主管部门的责任就会与税收责任混为一体,税务机关就需要对涉税信息负责。然而现实情况表明,税务机关不具备完全的涉税信息的识别和筛查能力,如果由其单独承担因信息错误而导致的征税责任,就与其权力能力不相称了。如果生态环境主管部门不能为自己的行为负责到底,就难以保证其在行使权力时会持谨慎态度。因此,在程序性协作情况下,应根据每项权力行使者对最终征税结果的影响程度来确定责任分担比例,这样才符合责权利对称的原则。除此之外,对政府间责权利交错的激励功能还体现了人事权、事权、财权的交错配置。针对生态环境主管部门责权利不相匹配进而导致的协作积极性不高的问题,应当建立完备的配套保障制度,给予其足够的经费支持,补充相关专业人员的配置,改变资源缺位的现状;加强对协作主体的激励,通过荣誉激励和考核评价等方法,提升部门协作的积极性和主动性,实现责权利的对称。

(二)落实征管主体权责配置

提升部门之间的协作水平要根据各自的专业优势,只有发挥参与协作各主体的优势,才有利于发挥环境保护税征管协作机制的实效,实现政府运用税收杠杆保护环境、建设生态文明的目标。因此,需要明确参与协作各主体的职责范围,合理配置责任。

1.明确职责范围

当前,环境保护税相关立法仅对税务机关与生态环境主管部门的征管协作进行了原则性的规定,并未详细规定两个部门具体权力与职责分工；对政府和其他相关部门，也仅规定了政府对征管协作参与主体的统筹领导以及分工协作工作机制的建设。倘若多个相对独立的协作部门缺少明确的职责范围划分，那么各个部门专业优势的发挥也将受限。因此，明确各部门的职责范围，首先，应当从立法层面入手，通过对《环境保护税法》以及《环境保护税法实施条例》的完善，明确规定参与协作主体的协作程序和内容。其次，完善清单制度也有利于部门职责的明确，明示其权力与责任。清单管理制度是用清单的方式列明政府的权力、责任等事项，以明晰政府权责边界，规范公共行政权行使。[1] 权责清单可分为权力清单和责任清单。环境保护税的征管的核心部门是生态环境主管部门和税务机关，但针对不同的排污企业、排污类型，还需要其他部门积极配合。这些部门履职中形成的涉税数据和信息，也会成为环境保护税征收中需要考量的因素。因此，应当通过权责清单，明确各部门的职责，避免税务机关在征税时，难以获得有关部门的有效支持。不过，相较于权力清单而言，更为重要的是责任清单。设置责任清单的目的，更多在于督促行政机关更好履行其行政职责。因此，具有协调各方利益关系、指导其他部门工作等重要职能的地方人民政府，可以出台政策规范、编制环境保护税征管协作工作的权责清单，弥补相关法律规定的不足，明确不同部门的职责范围，避免部门间相互诿责。

2. 合理配置责任

关于责任的认识，目前有两种倾向：一是对主体的职能权限加以明确，二是对主体的行为进行否定性评价。因此，合理配置各个主体责任，本质上就是让职责和责任合理搭配。从职责角度来看，责任分配要考虑主体所处的法律地位和行动能力。职责随着主体法律地位的形成而形成；有相应的地位，就有相应的法律职责。《环境保护税法》第 23 条是条引致规范，将环境保护税征管中的责任引致其他规范中。这种立法技术

〔1〕 参见王湘军、李雪茹：《从"碎片化"到"整体化"：清单管理制度健全路径探析》，载《行政论坛》2019 年第 2 期。

的运用,可以避免立法上的重复,有助于实现法与法的融通。[1] 但是,引致规范的适用,也存在周延性不足和适用性模糊的问题。如果需要引致的规范涉及的事项具有多元性,那么引致不同的规范,容易将一个完整的行为割裂开来,要么对同一阶段行为存在多重评价,要么漏掉部分行为而未评价。而且,引致规范的适用效果取决于被引致规范的完整性与适应性。一方面,如果被引致的规范缺乏相应规定,那么即使使用了引致技术,也不能达到法律想要实现的目的;另一方面,如果被引致规范的内容,其调整的对象与需引致规范的调整对象并不一致,那么引致之后,依然面对法律适用的难题。在环境保护税的征收过程中,税务机关的主要职责就是征税,而这一职责则来源于《税收征收管理法》的设定,因此对税务机关及其工作人员的税收法律责任的追究可以直接适用该法的相关规定。此外,《环境保护税法》中生态环境主管部门的法律责任仍有待明确,目前规定仍较为模糊和笼统。对于这一协作主体法律责任的确定,可以立足于其参与协作的权责,并参考《排污费征收使用管理条例》中的相关规定进行责任的合理配置,满足权责一致的要求。此外,政府作为协作的统筹协调主体,必须打破部门间的系统壁垒,加强权力间的合作,推动各成员单位的分工与配合,明确相关主体的责任分工,协调解决环境保护税征管过程中出现的主要问题,建立起环境保护税征管责任共担机制。

(三)推进优化征管协作激励保障机制

1. 落实环境保护税收入管理

按照原《排污费征收使用管理条例》规定,所收取的排污费全部用于污染防治,实行专款专用,而当前《环境保护税法》虽然把全部税收收入都纳入地方财政收入,但是并未明确其具体的使用用途。环境保护税的征收更多是为了保护环境而非增加财政资金,所以有必要建立起环境保护税专款专用制度,制订使用计划,明确税收收入的具体用途,以达到环境

[1] 参见冉富强:《民法引致公法所带来的司法权与行政权的冲突与协调》,载《河南社会科学》2008 年第 2 期。

保护税的设立初衷。同时，还应该建立专门的监管机构，确保环境保护税专款专用。当前，生态环境主管部门主要采取的是以预防为主的环境治理方式，需要大量的资金用于环保基础设施建设和环保技术革新，因而要有充足的经费加以保障。通过规范化管理环境保护税收入，可以为生态环境主管部门的部门建设和技术创新提供充分的经费支持，从而有效地发挥协作主体的工作积极性和主动性，为环境保护税征管协作制度运行提供保障。

2. 健全相关部门人员配置

虽然《环境保护税法》确立了生态环境主管部门协作征管的模式，但是税务机关在涉及环保知识和技术等方面的专业工作中对人员和技术的缺乏，使其需要更多依赖生态环境主管部门。生态环境主管部门的工作人员在完成本职工作的同时，还需要与税务机关的工作人员进行对接，且由于组织机构职能转变和人员调动等其他因素，双方在实际协作过程中的沟通与配合存在诸多问题。因此有必要健全相关部门的人员配置，具体而言可以从专业人才引进以及业务人员培训两个方面进行。首先，专业人才引进主要体现在国家公务员考试招录工作中。在实际调研中发现，目前已有多个地区的各级税务机关在公务员招录计划中专门划定招收环境保护专业相关的人员。税务机关相关专业人才的引进，有利于扭转对生态环境主管部门过度依赖的现状，解决双方就涉税数据沟通不畅、协作低效等问题，推进环境保护税的征管协作。此外，生态环境主管部门也应当安排专门的工作人员，负责与税务机关进行环境保护税相关工作的对接，提高协作效率，降低沟通成本。其次，还应当加强对双方工作人员的业务培训。虽然在环境保护税开征之初，双方就环境保护税征管组织开展过培训活动，但由于环保专业知识和技术的特殊性和难度，培训实际效果并不理想。因此为了满足环境保护税征管的需要，双方应当开展常态化人员培养。一方面，税务机关内部统筹规划，对环境保护税业务人员组织相关业务培训；另一方面，税务机关联合生态环境主管部门开展联合培训，由环境保护专业人员培训环保法律法规、环境污染防治、环境监测等专业知识,由税务专业人员就税收征管专业知识进行培训。为优化培训效果,增加对相关培训的考核环节,以帮助工作人员加强对相关知识的掌握,提高学习的积极性和主动性。在常态化培训中,应加深双方对彼此工作的了解,提高征管协作效率和质量。

3. 建立协作征收工作互评机制

对工作的评价总结,有利于指出工作中存在的不足并加以改正,并且可以肯定现有工作的成果并对其持续改进,提高工作的质量和工作人员的积极性。在环境保护税征管协作过程中,税务机关与生态环境主管部门的工作协作较为密切。因此,可以将协作征收工作互评机制引入激励机制建设中来,由两部门根据工作中的实际运行和部门配合情况进行精准明确的评价,及时反馈征管协作工作中存在的问题,肯定生态环境主管部门在协作征管中作出的贡献。工作互评机制实际上既是激励手段也是约束手段,既能为部门之间的协作工作的进步与改进提供可供指导的建议,也能对双方的工作起到一定的监督作用,进而激励生态环境主管部门更加积极地参与税收征管协作,解决数据报送积极性不高、报送涉税数据不及时、复核信息反馈配合度不高等现实问题。

4. 引入政府内部绩效管理

从党的十八大报告提出要"创新行政管理方式,推进政府绩效管理",到党的十八届三中全会通过的《中共中央关于全面深化改革若干重大问题的决定》中明确要求"严格绩效管理,突出责任落实,确保权责一致",中国特色绩效管理不断推进。党的十九大报告中明确提出,"建立全面规范透明、标准科学、约束有力的预算制度,全面实施绩效管理"。将绩效管理理念与方法融入国家财政预算领域,使其覆盖财政预算执行和监督的全过程,对于政府职能落实、规范权力运行具有重要意义,体现了权责对等。[1] 绩效管理通过目标规划约束部门行政行为,有利于提升政府的履职能力和履职水平;通过将部门考核和评价结果与奖励、责任挂钩,根据

---

〔1〕 参见田玉萍:《政府推进绩效管理的着力点》,载《中国行政管理》2018年第2期。

实际工作效果进行相应的奖励和惩戒,有利于激励约束部门依法正确履行职能。将绩效管理引入环境保护税征管协作机制中,应以国家治理体系和治理能力现代化的总目标为指引,紧随政府“放管服”改革步伐,落实政府权责清单制度,在日常职责的履行中对履职结果进行绩效考核。另外,还应注重绩效沟通,激发组织机构与工作人员的内生动力,促进部门职能建设以及个人工作水平不断提高,实现部门协作在职责承担、资源分配等多个方面的有效配置。

(四)健全责任追究制度

目前,有关法律法规仅将税务机关作为环境保护税税收争议的直接责任主体,并未将生态环境主管部门囊括其中。而环境保护税征管协作作为一个系统性工程,各个环节都对系统性工程的运行发挥着重要作用,因此应当健全环境保护税征管协作责任追究制度。

根据《排污费征收使用管理条例》的相关规定,单位和个人可以对行政机关截留、挤占和挪用排污费的行为,进行检举、控告和投诉。排污者对污染物排放种类、数量有异议,可以向环保部门提出复核要求。环境保护机关、财政部门、价格主管机关滥用职权的,排污者也可以提请有关机关追究其刑事责任或行政责任。这些规定对生态环境主管部门行使排污费征收权作出了限制,指明了相对人的救济渠道,但《环境保护税法》却没有直接规定权力行使者应当如何担责以及纳税人该如何救济。以环境保护税征管中复核环节为例,纳税人将自己的纳税信息主动上报给税务机关,生态环境主管部门也将其掌握的涉税信息移送税务机关。税务机关通过比对,如果数据一致,则进行征税;如果数据不一致,则须由税务机关提请生态环境主管部门进行复核,并且以生态环境主管部门最终复核结果作为征税依据。这样的程序设计存在以下权责问题:其一,若纳税人与生态环境主管部门的信息一致,税务机关依此确定税额并征税,最后出现少征或漏征的情况,应当如何追责?其二,若生态环境主管部门复核并出具复核结果后,税务机关据此征税,出现少征或漏征的情况,应当如何追责?其三,如果纳税人对生态环境主管部门复核结果表示异议,应当如何提起申诉？就目前协作现状而言，并从《环境保护税法》和《税收征收管理法》中寻求答案，可以看到如下图景：纳税人可以就异议问题向税务机关申诉，但是税务机关无法推翻生态环境主管部门的复核意见，也没有独自调查的权力，且税务机关负有征税责任。由此可见，对责任追究制度的建设不足，使生态环境主管部门脱离于现有的追责体系；如果不将其拉回行政复议或行政诉讼的被告席，税务机关将独力面对税收争议的责任追究，纳税人也将丧失对权利的救济。

因此，健全环境保护税责任追究制度，需要将生态环境主管部门纳入税收争议和税收救济制度的直接责任主体中，降低税务机关的执法风险。另外，在明确责任追究主体和承担主体的基础上，还应当规范责任追究程序，对部门之间的责任程度进行划分，根据责任大小进行追责，严格责任追究手段和方式，并辅之以配套措施。通过健全责任追究制度，对协作中拒绝诿责或者应付了事的协作部门设定严格的惩罚机制，进而将协作不积极、不主动的协作部门纳入协作体系中，有利于提升环境保护税征管的质量和效率，最终确保环境保护税税收征管协作工作高效有序进行。[1]

---

〔1〕 参见刘福元：《部门间行政协作的困境与出路——以城市管理综合执法为例》，载《当代法学》2016年第5期。

第七章　环境保护税征管协作信息沟通模式

我国环境保护税在其征管模式方面采取的是生态环境主管部门协作税务机关联合征管模式，这就要求两部门间建立跨部门的长期合作机制，加强联合管理沟通，使部门间的信息能够通畅交互，以实现环境保护税征管效率最优。在我国环境保护税2018年开征至今四年多时间里，两部门的协作沟通工作暴露出协作效率不高的现实性问题，其中较为突出的是生态环境主管部门与税务机关两部门的信息交互和协调沟通并没有达到理想状态，这不仅影响着环境保护税的征管效果，也影响着环境保护税生态环境保护功能的实现。如何进一步完善税收信息共享模式，建立高效、便捷的环境保护税信息沟通机制，为环境保护税的顺利征管创造更有利的条件，是一个亟待解决的重要现实问题。

一、信息沟通在环境保护税征管协作中的定位

（一）理论定位

依据协作系统理论目标、意愿和信息核心三要素的指导，环境保护税征管协作机制的建构与有效运

行，跨部门协作目标、征管意愿和信息沟通三者缺一不可。其中，信息沟通是连接协作各方的桥梁，是协作开展的基础保障；只有通过交流，才能将组织的共同目标和个体的合作意愿结合在一起。随着我国公共管理各级机构专业分工和业务分割的深入，管理行为和环节“碎片化”的趋势越来越明显，实践中，管理事项却并不以部门分割为界限，常常需要跨部门合作共同实现管理目标。以环境保护税为例，税务机关独立征管显得力不从心，核心征管过程需生态环境主管部门协作完成，部门之间的税务信息交流则是协作的关键。在现有税收管理模式下，政府部门间的税收信息交流的本质都是要打破部门信息垄断，推动信息共享，从而促进协作征管实现。《环境保护税法》提出，环境保护税信息共享平台建设的制度建议，旨在通过信息化方式实现跨部门信息的有机联通，破除部门间信息壁垒，从而实现环境保护税共治的目标。

(二)制度定位

《环境保护税法》第 14 条、第 15 条明确规定税收信息共享，以解决在纳税申报和征管协作中遇到的实际困难，并强化税收征管部门间的交流和协作；在此基础上，对生态环境主管部门和税务机关的权责进行了原则性规定。[1] 另外，《环境保护税法》第 19 条、《税收征收管理法》第 25 条也明确了“如实申报”的责任，从而改善了我国税务机关在环境保护税征管中的被动地位。另外，对纳税人的纳税申报进行严格的限制，也能在一定程度上保证涉税信息的真实性和准确性。

建立健全涉税信息共享机制，强化两部门间的沟通联系，是保障环境

---

〔1〕《环境保护税法》第 14 条规定：“环境保护税由税务机关依照《中华人民共和国税收征收管理法》和本法的有关规定征收管理。生态环境主管部门依照本法和有关环境保护法律法规的规定负责对污染物的监测管理。县级以上地方人民政府应当建立税务机关、生态环境主管部门和其他相关单位分工协作工作机制，加强环境保护税征收管理，保障税款及时足额入库。”第 15 条规定：“生态环境主管部门和税务机关应当建立涉税信息共享平台和工作配合机制。生态环境主管部门应当将排污单位的排污许可、污染物排放数据、环境违法和受行政处罚情况等环境保护相关信息，定期交送税务机关。税务机关应当将纳税人的纳税申报、税款入库、减免税额、欠缴税款以及风险疑点等环境保护税涉税信息，定期交送生态环境主管部门。”

保护税税收收入的必要条件。从环境保护税的征管流程和管理流程分析，税务机关承担了征收的主要工作，但是受其专业技术和其他有关因素的制约，不能对污染进行监测，也不能对监测数据进行准确的鉴别。[1] 在实际操作中，一般的环境保护税征收程序为：纳税人向税务机关提交环境保护税申报信息，在接到纳税人的申报信息后，经与生态环境主管部门沟通交流，核实其真实性和准确性。如果两者提供的资料不符，将由生态环境主管部门对其进行审核，并在规定的期限内提出复核意见，最后将复核意见交给税务机关，并由税务机关依此进行调整。[2] 通过对纳税人、税务机关和生态环境主管部门的分析可知，税务机关只是一个数据接收者，其数据大部分都是来源于纳税人和生态环境主管部门。生态环境主管部门承担了涉税信息处理的大部分工作，不仅要收集、处理、发送有关的税务信息，还要对税务机关发送的信息进行复核。因此，就环境保护税的征管而言，生态环境主管部门是税务机关联系最密切的部门，也是确保税收征管顺利进行的重要部门。生态环境主管部门的重要地位取决于其特定的职能和相应的专门技术，以及在环保工作中的设备、技术、人才方面拥有的税务机关不具备的突出优势。[3] 而税务机关作为环境保护税征管的主要部门，并没有独立的专业知识人员和技术，无法独立进行信息的核查，导致在征收过程中处于一种被动的状态；如果信息的真实性和准确性出现问题，就会影响环保工作的正常运作，也就很难达到“应征即征”的目的。

从当前制度建构情况看，《环境保护税法》《税收征收管理法》为建立

---

〔1〕《环境保护税法》第19条规定：“纳税人按季申报缴纳的，应当自季度终了之日起十五日内，向税务机关办理纳税申报并缴纳税款。纳税人按次申报缴纳的，应当自纳税义务发生之日起十五日内，向税务机关办理纳税申报并缴纳税款。纳税人应当依法如实办理纳税申报，对申报的真实性和完整性承担责任。”

〔2〕《税收征收管理法》第25条规定：“纳税人必须依照法律、行政法规规定或者税务机关依照法律、行政法规的规定确定的申报期限、申报内容如实办理纳税申报，报送纳税申报表、财务会计报表以及税务机关根据实际需要要求纳税人报送的其他纳税资料。”

〔3〕参见刘田原：《环境保护税征管：现实困境、域外经验及完善进路》，载《地方财政研究》2019年第12期。

环境保护税涉税信息共享机制奠定了制度基础,初步形成了“协作共治、信息共享”的信息沟通体系和方式。实践调研发现,当前各省税务机关和生态环境主管部门联合建构了环境保护税征管信息共享平台,基本实现了通过平台进行环境保护税征管风险相关信息管理,在一定程度上符合《环境保护税法》的征管要求,环境保护税的有效协作征管在推进地方环境污染防治方面发挥了一定的作用。但是,在我国环境保护税征管工作中,税务机关和生态环境主管部门的信息交流效率还有待进一步提升。

(三)价值定位

1. 解决信息不对称,减少税款流失

税收是国家经济发展的一个重要标志,也是国家经济的一个重要组成部分。2021 年,我国财政收入 202,539 亿元,税收 172,731 亿元,税收收入占到全国财政收入的 85%。在获取和共享涉税信息方面,我国尚无健全的信息获取与共享机制,也存在信息不对称的问题。从地方的征管实践可以看出,环境保护税征收情况往往符合“二八定律”,即 20% 的污染企业缴纳的环境保护税税款占总税款收入的 80%,大型污染企业是环境保护税征管工作的重点,几家大型企业的纳税额度占到整个地区总额度的 70% ~80%,而小微型污染企业由于征收难度大、征收税额小、征管效率低等问题常常被征税机关忽视。随着我国税收现代化的发展,加强税务机关和生态环境主管部门间的协作配合力度,完善信息沟通机制,能够更好地对污染企业的纳税信息风险进行有效监管,有效解决税务机关与纳税人提交的纳税信息不对称问题,减少税款流失,从而保证国家征税活动的严肃性和税收收入的入库率。

2. 促进征管手段的创新

应通过环境保护税征管过程中对跨部门涉税信息共享机制的探索,依托“互联网+”和大数据等信息化技术,进一步加强税务机关与外部辅助主体进行信息交换的大数据信息体系建构,促进税收征管手段的创新,推进我国税收管理的信息化和智能化建设。环境保护税在跨部门征管过程中,有关部门共享涉税信息是税款高效征收的基础。涉税信息具有客观性与针对性,通过跨部门信息共享可以有效防范和解决纳税申报信息风险问题。税务机关通过共享相关涉税信息,可以较为全面地掌握环境保护税纳税人污染物排放信息及相关情况,从而保证税务机关税务管理的有效性和针对性,进而提高环境保护税的征管效率。

3. 加强跨部门协同征管

环境保护税的征收流程为:纳税人向税务机关申报环境保护税信息,经税务机关审查,比对涉税信息共享平台风险点后,初步判断纳税申报信息有风险的纳税人信息通过平台提交生态环境主管部门进行核查,如果两者资料不符,生态环境主管部门将在规定的期限 15 日内提出审核意见,税务机关据此对其作出相应的调整。[1] 在对纳税信息进行风险判断和核查过程中,税务机关和生态环境主管部门之间的信息沟通是两部门开展环境保护税征管的有效沟通和高效协作的重要形式。涉税信息共享平台的建设,不仅畅通了两部门信息沟通渠道,还提高了税务机关与生态环境主管部门之间的信息交互效率,在促进两个部门间的信息交流合作,依托互联网平台推动跨部门涉税信息及时高效的传递交互方面发挥了重要作用。

二、环境保护税征管中信息沟通相关制度分析

(一)《环境保护税法》中的信息沟通协作制度

涉税信息共享制度的提出由来已久,但发展十分缓慢。2018 年,我国单行税种法《环境保护税法》才将税收信息共享制度纳入,这对我国跨部门税务信息共享机制的建构具有重要意义。环境保护税的征收与管理,首先要解决的问题是税务机关能否识别纳税人、纳税污染物如何核定。在环境保护税开征之前,排污费缴费主体的识别是由生态环境主管部门负责。生态环境主管部门基于部门职责和管理基础,对排污单位和有关信息的了解是最充分的。环境保护税是以排污行为所产生的污染当量为课税标准,核定污染物当量需要极其专业的设备,具有很高的技术门槛。

〔1〕 参见叶姗:《环境保护税法设计中的利益衡量》,载《厦门大学学报(哲学社会科学版)》2016 年第 3 期。

传统税种的征收部门即税务机关并没有相关的专业设备和人才，这就需要生态环境主管部门积极协调配合，以保证环境保护税的征管工作顺利开展。《环境保护税法》第 14 条、第 15 条明确指出了税务机关和生态环境主管部门应建立协作机制，建立涉税信息共享平台，共享各自掌握的涉税信息。这表明我国在环境保护税的征管协作方面已形成了一套信息沟通的法律体系。[1]《环境保护税法》第 15 条提出生态环境主管部门与税务机关之间建立涉税信息共享的建构要求，生态环境主管部门应当定期向税务机关报送有关环境保护的相关资料，包括排污许可、污染物排放数据、环境违法行为和受到的行政处罚。纳税人申报、入库、减免税额、欠缴税款、风险疑点等，则由税务机关定期向生态环境主管部门报送。《环境保护税法实施条例》对涉税信息共享提出了更具体的规定，其第四章"征收管理"与《环境保护税法》第四章"征收管理"相对应，其第四章第 12 ~ 16 条则直接规定了生态环境主管部门和税务机关之间的信息共享；第 15 条规定，生态环境主管部门应当将其在环境保护监管方面所取得的有关信息，提交给税务机关。税务机关也要将自己获得的相关信息及时与生态环境主管部门进行沟通、交流，建立起双向沟通机制。《环境保护税法》第四章第 15 条规定了两个部门间应当通过涉税信息共享平台进行信息交互，明确了信息共享平台的重要地位。

然而，《环境保护税法》及其实施条例没有对环境保护税的涉税信息共享平台建设和工作规范作出明确的规定，条款中仅仅是"应当建立涉税信息共享机制""推动涉税信息共享"等宣示性的表达。"应当"与"必须"是否相等，生态环境主管部门是否有责任将其在环保监管过程中所获得的相关税收信息送交税务机关，以及如何激励生态环境主管部门的积极性等问题，都不能从现行的规则中得到解答。在特殊法律未作具体规定的情况下，应当适用一般法律。《环境保护税法》是一部单行税种法律，我

---

[1] 参见叶宏禄：《我国环境保护税征管协作法律制度研究》，河南大学 2020 年硕士学位论文，第 1 页。

们可以参考国内各地实践经验,归纳关于涉税信息共享的一般规则。总体来说,与《环境保护税法》及其实施细则中关于环境保护税信息共享的基本原则相比,地方政府制定的相关政策更加明确、更加具有可操作性。鉴于我国现行的环境保护税信息共享制度缺乏可操作性,有必要借鉴各地的先进经验,制定相关的程序性规定,提高其可操作性。[1]

(二)《税收征收管理法》中的信息沟通协作规范

《税收征收管理法》第 7 条是我国税收信息共享的基础法律依据,[2]但从其内容表述来看,仅对如何建立与其他政府主管部门的信息共享机制进行了概括说明,并未具体展开指导如何开展信息共享建设。2013 年国务院法制办公室公布的《税收征收管理法修正案(征求意见稿)》中,有 3 条内容直接涉及税务信息共享。但是,2015 年修正的《税收征收管理法》最终只采用了第 7 条的内容。删减的条款主要涉及两个方面:一是精简涉及税务信息共享系统的公告语句,仅保留一条;二是将税务机关与第三人之间税务信息的共享义务直接删除。而后 2016 年修订实施的《税收征收管理法实施细则》第 4 条第 1 款则对国家税务总局和地方税务局的税务系统信息化建设分别提出了具体的规范要求。[3]

(三)环境保护税协作征管信息沟通在其他规范中的体现

总体而言,《环境保护税法》及其实施条例仅笼统规定要建立关于涉税信息共享平台和工作协作机制,《税收征收管理法》也没有明确关于信息共享的具体规则。这就要求税务机关与生态环境主管部门在环境保护

---

〔1〕 参见刘珊:《税收共治视野下环境税涉税信息共享最优规则》,载《南京工业大学学报(社会科学版)》2019 年第 5 期。

〔2〕 《税收征收管理法》第 6 条第 1 款规定:“国家有计划地用现代信息技术装备各级税务机关,加强税收征收管理信息系统的现代化建设,建立、健全税务机关与政府其他管理机关的信息共享制度。”

〔3〕 《税收征收管理法实施细则》第 4 条第 1 款规定:“国家税务总局负责制定全国税务系统信息化建设的总体规划、技术标准、技术方案与实施办法;各级税务机关应当按照国家税务总局的总体规划、技术标准、技术方案与实施办法,做好本地区税务系统信息化建设的具体工作。”

税征管实践中依据现有法律基础和实践现状进行具体规范的制度探索。为切实贯彻税务机关和生态环境主管部门之间的税收征管协作，保障环境保护税信息共享平台的建设，各有关部门出台了一系列的部门规章，对信息共享进行规范（见表7－1）。[1] 此外，山东、海南、黑龙江、西安等省市也相继出台了相关规范性文件（见表7－2），不仅对环境保护税的核定、征管、税收等进行了规范引导，也对涉税信息沟通交流的范围、频次等进行了详细的规范。这些行政规范文件为税务部门和生态环境主管部门征管协作中的信息沟通提供了有效的制度支撑。

表7－1　环境保护税征管信息沟通的部委规范性文件

名称	开始实施时间	制定机关
关于全面做好环境保护税法实施准备工作的通知	2017年7月21日	财政部、税务总局与原环境保护部
环境保护税征管协作机制备忘录	2017年7月31日	国家税务总局与原环境保护部
关于明确环境保护税应税污染物适用等有关问题的通知	2018年10月25日	财政部、税务总局与生态环境部

〔1〕《环境保护税征管协作机制备忘录》规定：环境保护税作为新的绿色税种，因征税对象特殊复杂，备忘录的签署目标是为了确保税务与生态环境两部门高效合作，提升协作效能，共同做好环境保护税征管准备工作；签署的协作机制重点明确了税务和生态环境主管部门合作的七大类工作任务，突出了当前做好环境保护税征管准备工作的关键事项。其中就包括开发建设税收核心征管系统和涉税信息共享平台。《财政部、国家税务总局、环境保护部关于全面做好环境保护税法实施准备工作的通知》明确了环境保护税开征前各地需做好的五项重点工作。一是加强组织领导，建立地方人民政府领导下的多部门协作机制。二是落实税法授权事项，确定本地区应税大气污染物和水污染物具体适用税额，以及应税污染物排放量抽样测算和核定征收方法。三是摸清税源底数，及时交接档案资料，抓紧建立基础税源数据库。四是做好信息系统开发建设，实现税务、环保部门涉税信息数据交换共享。五是做好税法宣传和纳税培训辅导工作，使基层税务人员熟悉税法、了解政策、把握要求，使纳税人能申报、会申报。《财政部、税务总局、生态环境部关于明确环境保护税应税污染物适用等有关问题的通知》规定：各级税务、生态环境主管部门要加快建设和完善涉税信息共享平台，进一步规范涉税信息交换的数据项、交换频率和数据格式，并提高涉税信息交换的及时性、准确性，保障环境保护税征管工作运转顺畅。

表 7-2 环境保护税征管信息沟通的地方规范

名称	发布时间	主要内容	评析
江苏省地方税收征管保障办法	2008 年 9 月	共享方式、格式采协定;明确涉税信息提供义务及责任	首次明确提供信息的具体方式、格式要求由地方税务机关与有关部门相互协商确定
湖南省税收保障办法	2012 年 9 月	明确涉税信息范围;共享时间、方式采协定;明确涉税信息用途限于税收征管;明确涉税信息提供、保密义务及责任	首次明确涉税信息用途仅限于税收征管等职权范围
福建省税收保障办法	2013 年 9 月	明确涉税信息范围;明确涉税信息提供义务及责任;建全纳税信用考核及奖惩机制	建全纳税信用考核及奖惩机制
青岛市税收征收协助条例	2013 年 12 月	明确涉税信息范围;涉税信息目录化管理;明确涉税信息提供、保密义务及责任	首次提出“财政部门会同税务机关编制涉税信息目录”
海南省税收保障条例	2015 年 7 月	明确涉税信息双向共享;明确涉税信息提供、保密义务及责任;明确第三方涉税信息质量保障义务	首次明确涉税信息双向共享;首次明确第三方涉税信息质量保障义务
河北省税收征管保障办法	2015 年 11 月	明确涉税信息范围;明确限定部分涉税信息应全量定时提供,其余可商定;涉税信息目录化管理;明确涉税信息提供义务及责任	首次限定部分涉税信息应全量定时提供,其余可商定
青海省税收保障办法	2017 年 1 月	明确涉税信息范围;明确涉税信息提供、保密义务及责任;建立纳税信用考核及奖惩机制;确立纳税人投诉处理机制	完善了纳税人投诉处理机制

续表

名称	发布时间	主要内容	评析
黑龙江省税收保障条例	2017年4月	明确涉税信息范围;涉税信息用途限于税收征管;明确涉税信息提供、保密义务及责任;首次明确税务机关涉税信息反馈义务	首次明确税务机关涉税信息反馈义务
广西壮族自治区税收保障条例	2017年7月	明确涉税信息范围;明确共享时间、方式;涉税信息目录化管理;明确涉税信息提供、保密义务及责任	首次将涉税信息范围明确到"污染物排放监测数据"
西安市税收保障条例	2021年1月	实行涉税信息目录管理制度;涉税信息涉及国家秘密、商业秘密和个人隐私的应当予以保密	实行涉税信息目录管理制度
山东省税收保障条例	2022年3月	将税收信息化建设纳入数字政府建设规划,明确跨部门涉税信息共享,明确共享涉税信息实行目录清单管理,明确税务机关应当加强涉税信息统计分析	明确共享涉税信息实行目录清单管理

通过表7-1、表7-2的各典型区域税收信息共享制度,可以看出法律和部委规范更偏重提出要求,而地方制度在税收信息共享制度落实方面具有较强的可操作性,明确了共享的范围、方式和时间,为各地的税务机关提供了具体的制度指引。然而,从环境保护税的信息共享机制建构来看,地方围绕信息共享机制的建构意见大多数都是在《环境保护税法》颁布之前提出,仅限于共享涉税信息,而缺乏与之配套的相关保障制度。

(四)小结

目前,在国家法律层面,规定了税收征管协作的法律文件是《税收征收管理法》和《环境保护税法》及其实施条例、细则,它们主要是提出涉税信息共享机制建构方向,要求均较为笼统,缺乏可操作性。而国家税务总局和生态环境主管部门联合发布的备忘录虽从落实角度指明建设方向,但从可操作性角度而言,缺少实施步骤和具体要求。地方上围绕信息共享机制制定了相对具体可落地的可操作性规范,但由于制度层次较低,大多是由政府发布的规范性文件，很少有政府规章，更不用说地方性法规，缺乏强制性和约束力。

我国现行的涉税信息共享初步形成了法律规范体系。但缺乏可操作性的具体实施规范，《税收征收管理法》仅对涉税信息共享制度进行了规定，并无相关的配套机制。国务院与地方政府也在探索涉税信息共享问题，但都是分散式的，缺乏统一的总体布局。由于没有统一的规划，不同地区之间的实践方法也不尽相同，这必然会影响税务机关的工作效率。法律供给的短缺，不仅是因为高位阶法律的缺失，更是因为缺乏具体的法律规则。涉税信息共享不能只是一句空话，要有相关的政策支持，特别是要有法律上的规范。在涉税信息共享制度方面，它应包括共享主体、共享对象、共享信息的时效性、共享主体的法律责任以及其他部门的协助程序。地方层面缺乏普遍适用的具体规定，信息共享制度很难在基层得到进一步推进。[1]

三、环境保护税征管协作信息沟通模式实践探索

目前，在全国范围内，国家税务总局、各级政府都在积极探索有关涉税信息共享制度。同级部门间可以进行横向的数据交流，也可以根据国家税务总局的相关公告，进行信息的交流和推送。在“互联网 +”“大数据”等新技术的发展下，我国的税收征收体系也发生巨大的变革。2015 年 12 月，中共中央办公厅、国务院办公厅印发《深化国税、地税征管体制改革方案》，对信息平台建设提出了新要求。[2]《环境保护税法》第 14

〔1〕 参见张群辉：《涉税信息共享机制的现状与完善》，载《湖南税务高等专科学校学报》2020 年第 3 期。

〔2〕《深化国税、地税征管体制改革方案》规定，“（六）构建税收共治格局……28. 推进涉税信息共享。加快税收征管法修订和实施进程，依法规范涉税信息的提供，落实相关各方法定义务。建立统一规范的信息交换平台和信息共享机制，保障国税、地税部门及时获取第三方涉税信息，解决征纳双方信息不对称问题。依法建立健全税务部门税收信息对外提供机制，保障各有关部门及时获取和使用税收信息，强化社会管理和公共服务。全面建立纳税人信用记录，纳入统一的信用信息共享交换平台，依法向社会公开，充分发挥纳税信用在社会信用体系中的基础性作用”。

条、第15条明确规定税收信息共享,以促进税收征管主体间的交流和协作;在此基础上,对生态环境主管部门和税务机关的职责进行了规范,即税务机关负责环境保护税的征收管理,生态环境主管部门负责污染物的监测管理。从现阶段的情况来看,以上立法为建立环境保护税涉税信息共享机制奠定了基础,初步形成了"协作共治、信息共享"的体系结构及实施架构。

(一)涉税信息共享平台运行现状

涉税信息共享平台是一种基于互联网的网络管理平台,是税务机关主导建立的全面、立体的税务信息管理系统。基于网络的数字通信技术,信息共享平台能够高效地进行信息的传递,相对于传统的点对点信息获取和人工信息的处理和管理,大大提高了信息管理的工作效率。建立涉税信息共享平台,将税务信息从单一的税务主管部门逐步扩展到涉及税务资源的各个部门,是税务工作信息化的具体体现。它有助于推进我国税务机关从单一的税种管理逐步走向监督和管理并重的新模式。另外,在税务信息共享平台功能日益完善的情况下,它还可以为企业提供数据管理、分析、扩展等服务。税务机关建设涉税信息共享平台,是强化税收资源管理、服务社会、提高税收工作效率的重要手段。在税务系统中,不同机关通过涉税信息共享平台进行信息交流,可以突破现有的信息壁垒,降低税务资金的损失,提高税务机关的纳税服务效能。

目前,我国许多地区已经开始构建和试行涉税信息共享平台。各地平台的建立,客观上能使税务机关及时、全面地接收涉税信息,并为税务机关与生态环境主管部门进行沟通提供便利,促进双方有效合作。例如,宁夏回族自治区建设了环境保护税风险平台,用于传输征税过程中的风险管控信息;通过对17个风险比对疑点的自行对比,识别税收征管过程中的风险。当系统里没有纳税人信息时,税务机关需要通过省税务局和省生态环境厅进行数据传递,大部分系统性的工作依赖省税务局推进。但该平台仅实现了污染风险点的比对,只能对生态环境主管部门提供的信息进行比对,对于其他系统信息里没有的数据还是要依靠线下文件的形式进行点对点传递。又如,湖北省宜昌市税务局进行专项的风险应对,依据以下7项指标进行数据筛选:环境保护税风险管理“大气污染物和水污染物排放量同比比较”“纳税人申报数据与生态环境主管部门传递的在线监测数据不一致”“应税污染物实测浓度高于标准浓度”“纳税人申报减免税信息异常”“排污(产污)系数数值异常变动”“申报表征收品目数量异常”“同一月份、同一排口废气(污水)排放量不一致”。依据调研,湖北省的涉税信息共享平台主要的运作流程如下:相关信息的申报由基层的税务机关发起后,经过具体县市区局的税政岗,再通过信息平台将信息汇集到省级的涉税信息共享平台,之后通过单向的横向传递渠道,将信息传递到省生态环境厅,最后由省生态环境厅进行数据下放,直接放送到各县市区的生态环境局。在整个流程中,信息共享平台发挥的作用非常有限,涉税信息需要逐级汇总到省级平台后才能交互沟通,部门间的信息传递的交互性受限。湖北省黄石市自2018年环境保护税开征,《环境保护税法》就明确了税务机关和生态环境主管部门要建立线上信息传递平台,由省一级的税务局和生态环境厅来共同构建环境保护税的信息共享平台。再以湖北省为例,涉税信息共享平台由省税务局和生态环境厅各自开发,省税务局将系统平台嵌入已成熟的“金税三期”系统中,并由数据接口链接生态环境主管部门。但是,省级层面的信息平台并未下沉落实到基层县市区,基层的部门协作未能享受到信息化和大数据平台建设的便捷优点,信息交流依旧停留在纸质资料交流的阶段,导致基层的申报数据处理效率比较低。

综上,现阶段主要以平台为依托的沟通机制并没有发挥应有的作用,在制度设计上,生态环境主管部门的复核功能在整个征管流程中是一个很重要的部分,是两部门信息沟通的主要环节。但复核功能并没有发挥应有的监督作用,生态环境主管部门的配合意愿不高,对数据的复核流于形式,税务机关推送的问题数据,生态环境主管部门基本都以“无意见”来回复,致使制度设计不能落到实处,最终导致税款流失。此外,环境保护税的征管一直存在过度依赖生态环境主管部门的问题,由于税务专员对生态环境相关制度、概念和专业监测的方法欠缺了解,税务机关只能被动接受纳税人的申报,进行简单的识别疑点后,即推送到生态环境主管部门进行复核。整个过程中,税务机关基本丧失了对税收工作的自主性。湖北省税务局还针对信息平台的使用设立了考核机制,但实际上以现行的配合力度来看,考核的指标对于两个部门的协作毫无裨益。因为生态环境主管部门没有线上回复税务机关的意愿,为应对考核,税务机关都会选择线下沟通,这也是税务机关的无奈之举。

(二)跨部门点对点线下沟通情况

依据《环境保护税法》第14条、第15条,生态环境主管部门和税务机关应当建立协调机制,强化环境保护税的征管,确保税收按时、足额缴纳。当前,部分地方生态环境主管部门和税务机关已经签署了合作备忘录,并形成了合作机制。但是,目前我国涉税信息共享平台的建设还不够成熟。按照《环境保护税法》的规定,由生态环境主管部门与税务机关共同构建涉税信息共享平台。但实践中,虽然生态环境主管部门和税务机关初步搭建了省级环境保护税涉税信息共享平台,但是在实际应用中信息平台发挥的作用非常有限。因此,除通过涉税信息共享平台进行信息交流以外,地方政府在实际工作中也进行了卓有成效的探索,大部分基层部门间的信息传递主要是通过收发工作函的方式进行点对点的线下沟通,针对具体问题通过函件交流。但这种协作大多带有主观感情色彩,主要表现为不同部门间的协作效率及质量往往受到不同部门行政人员的感情联系密度的影响。在行政协作的实行过程中,多数协作并非出于共同完成某一行政目标的意愿,而是通过两个部门日常建立的联通关系进行;联通关系密切的,协作的意愿和效果就较好,而联通关系不是特别密切的,通常会受到协作部门的冷淡回应。虽然有受主观因素影响大、交流效率相对较低的不足,但这也是目前最广泛的线下沟通方式。例如,湖北省宜昌市在市政府的牵头下,由财政局、生态环境局、发改委、住建局、农业局几个部门组成,建立了联席会议机制,定期组织会议进行沟通。联席会议机制是对以涉税信息共享平台为主的信息交互模式的一种补充,一定程度上有利于部门间的沟通协作，加强两个部门间的协作关系，但这种季度或年度召开的信息交流会议由于召开的间隔时间过长，无法保证信息的及时性和有效性。

（三）涉税信息共享平台运行问题分析

1. 涉税信息共享平台缺乏具体的法律制度指导

通过对涉税信息共享平台的法律制度分析，可知在构建信息共享平台的过程中，缺乏相关完善的法律支持；针对涉税信息共享平台的法律条文并不是很多，而且内容笼统，缺乏可操作性。《环境保护税法》第 14 条、第 15 条规定了两部门协作的方式，并明确了所要传递的具体信息。此外，《环境保护税法实施条例》第 12 ~ 14 条对征收管理部门协作进行了进一步的规范。但是，《环境保护税法》中有关涉税信息共享的具体程序、责任的承担等方面，却没有明文规定。《税收征收管理法》是我国税收管理的基本法律，虽然第 5 条第 3 款明确了相关部门、单位的职责，但由于其内容太过简单，并没有涉及具体的工作环节和程序。《税收征收管理法》仅仅是为信息共享提供了一个原则性指导，而在如何实施、权力配置、责任追究等方面没有相关的具体法律条文。[1] 总之，当前税收法律规范、相关条例即使对涉税信息共享平台有所规定，也只是大略提及，过于笼统的表述使地方在进行涉税信息共享平台建设实践中实际上处于"无法可依"的状态。中央层面法律制度指引局限，导致各地方在落实执行过程中难度增加。现行制度下，虽然位于法律位阶上位的税收征管法与相关的行政法律法规缺少对涉税信息共享平台的具体规定，但是各地方基于协作实践的需求颁布了一系列可操作的规范性文件。在这些地方具体的操作规范中，大部分文件的性质只是政府的工作性文件，并没有"法律"级别的强制力。更有甚者，在实践过程中，因为工作性文件的性质，常常被认为只具有建议指导性。对于部门行政而言，这些大量的地方性文件缺乏

---

〔1〕 王志国、孙丹：《第三方涉税信息共建共享优化研究》，载《会计之友》2021 年第 15 期。

法律应当有的强制约束力,并不能成为依法行政的法律根据。这些地方制度虽在一定程度上满足了实践中对于征管协作的实践需要,但是从地方实施效果来看,多数规范缺乏一定的强制力,操作效果并不理想。因此,若要促进涉税信息共享平台的有效利用,必须要提高这些具体可操作性规范的法律层级,从而对征管协作产生强有力的推动和约束。

2. 省级信息共享平台覆盖有限

依据《环境保护税法》规定的征管程序,纳税人必须按照规定的程序进行纳税申报,并对申报内容的真实性、完整性负全部责任。[1] 生态环境主管部门和税务机关之间应当定期进行相关纳税信息交流。其中,税务机关向生态环境主管部门送交的信息主要有申报入库、欠缴税额、提请复核的异常数据等资料,生态环境主管部门向税务机关送交的信息主要有应税污染物种类、污染数据、提请复核事项、复核意见等资料。目前,虽然在省级层面税务和生态环境主管部门建立了环境保护税涉税信息共享平台,实现了涉税数据共享标准化、自动化,但是在基层税务机关和生态环境主管部门仍存在人工传送涉税信息纸质资料的情况,发文不正式、台账未登记等不规范的情况也仍然存在。涉税信息共享平台在基层的覆盖率非常有限,由于基层的信息共享平台建设情况参差不齐,且缺少强制性规范约束,导致各部门间信息不畅通、数据交换不及时,不能第一时间发现疑点数据,影响环境保护税征管。

3. 接入平台的信息标准不统一,跨部门沟通效率低

跨部门信息沟通过程中,各部门的信息系统按照各自的业务习惯和要求进行独立开发管理,自成体系,在互联互通过程中共享信息的标准有待统一。环境保护税的涉税信息共享平台根据法律要求,由生态环境主管部门和国家税务机构联合建设。跨两部门联合建设涉税信息共享平台,要实现以下建设目标:一是在国家有关政府间的信息资源交换标准的基础上,促进全面的整合和共享。二是按照环境保护税开征的业务需求,

[1] 参见《中华人民共和国环境保护税法简要》,载《环境与发展》2017 年第 3 期。

建立一个覆盖全国、互联互通的涉税信息共享平台。三是信息共享平台对业务系统进行改造、升级,建立信息共享平台,实现排污监测信息、处罚信息和复核申报等信息在两部门间的交换和共享,保证数据的真实性、及时性和完整性。环境保护税征管涉税信息平台需要对排污收费、排污许可证、在线监测、监督监管、行政处罚等方面的数据进行采集和整合,使数据标准化、规范化。但由于生态环境主管部门和税务机关的信息系统是各自独立建设的,并没有形成统一的信息系统,在各自的信息系统中,监测数据并没有进行标准化、统一化的表达,同一家监测对象的相关数据表达形式完全不同,这对开展环境保护税的征管工作造成了很大的困扰。同时,由于目前共享信息平台只建立省级层面互联互通机制,基层同级部门之间的信息传递需要先纵向传递到省级上级部门,然后上传至涉税信息共享平台,协作单位通过这一省级信息共享平台接收核对信息后,再通过自己部门的系统向相关部门传递核对。这样的信息沟通方式不仅影响信息的时效性,而且对跨部门信息沟通的准确性也会产生一定的影响。

4. 单向信息传递系统,未实现双向信息交互

建立健全完善的税收信息共享机制,是促进税收、生态环境等相关部门之间有效交流、协同配合的重要途径。其主要任务是构建一个具有分析、整理各种涉税信息的统一标准的信息共享平台。因此,涉税信息共享平台的质量,将直接影响税务机关和生态环境主管部门信息交流的效率。《环境保护税法》第 15 条规定,环境保护有关的信息,包括排污许可、排污数据、违法行为、受到的行政处罚等,均须定期报送税务机关;纳税人申报、税款入库、减免税额、欠缴税款、风险疑点等,由税务机关定期向生态环境主管部门报送。从规定中可以看到,信息的交流是互动性的,税务机关从生态环境主管部门那里获得了排污信息,据此进行征税;生态环境主管部门依法从税务机关获取纳税人申报、税款入库、减免税费、风险疑点等方面的信息。这不仅能帮助生态环境主管部门对纳税人的排放污染物进行核实,也能对税务机关起到监督作用。在此基础上,两个征管部门形

成互助互惠的协作机制。[1]

在实践中,生态环境主管部门与税务机关之间并未真正实现双向信息交流沟通,只是建立了由生态环境主管部门向税务机关提供信息的单向信息传输模式。因为环境保护税的收入统一纳入财政预算管理,而排污费则是“以收定支”,大部分排污费收入用于生态环境主管部门建设,税费改革后生态环境主管部门从自身利益出发,认为自身利益受到损失。因此,在环境保护税征收协作模式中,生态环境主管部门配合性不高,没有主动进行信息传递的意愿。[2] 而且,生态环境主管部门负责具体数据收集的地方工作人员,并未受过相关的税务专业知识培训,对涉税信息的处理能力有限,处理效率较低。实践中,生态环境主管部门与税务机关两部门的运行机制也有很大差异,生态环境主管部门在近几年的机构改革和基层部门调整过程中,部分原主要负责排污费核对征管的人员随着税费改革的完成,人员岗位配置也发生了较大调整,这使两个部门间的信息对接传递并不顺畅,在整个信息沟通过程中,税务机关始终处于请求协助的被动地位,涉税信息共享平台的沟通效能发挥有限。

四、环境保护税征管协作平台+线下信息沟通模式

(一)涉税信息共享平台沟通为主

在环境保护税征管跨部门协作的现实需求下,为了解决现实中协作征管信息沟通的客观需求和法律滞后的矛盾,应细化完善以信息共享平台为主的信息沟通制度。[3] 在现行的税收法律法规中,《环境保护税法》第14条明确提出,要建立“分工协作机制”,但是对于具体如何建立这一协作机制,《环境保护税法》和《税收征收管理法》及其实施条例、细则中并未进行详细的规范指引。实践中,生态环境主管部门协作税务机关实

---

〔1〕 参见刘田原:《环境税涉税信息共享机制探析》,载《地方财政研究》2021年第2期。

〔2〕 参见何玮:《环保税征管模式:部门协作难题与解决对策》,载《中国总会计师》2018年第11期。

〔3〕 参见黄素梅、李佳鹏:《试析我国环境保护税征管中的难题与对策》,载《税务研究》2021年第2期。

施环境保护税征管的重点,就是涉税信息的共享交互和相关纳税人污染数据的核对。根据两部门的规范性文件及地方规范来看,两部门信息沟通主要通过各省建立的环境保护税涉税信息共享平台开展工作,提高平台信息交互效率是推进征管协作机制建设的重点环节之一。

健全的跨部门信息交流机制和涉税信息共享平台建设,需要体系化的法律制度支撑,明确平台建设主体,主体责任、权力和信息沟通合作模式,跨部门涉税信息平台才能平稳运行。《税收征收管理法》是我国规定税收征管程序的基本法律,应在规范税收征管制度、健全部门之间信息交流等方面进行原则性规范,由具体税种法对信息共享模式进行进一步的具体完善。实践中,就环境保护税协作征管信息沟通,《环境保护税法》对信息协作确立了建立"协同、分工、协调"的税收征管工作机制,《税收征收管理法》只规定了"建立、健全税务机关与政府其他管理机关的信息共享制度",条款内容过于简单。具体环境保护税协作征管信息沟通平台的制度建设,《税收征收管理法》首先要明确涉税信息共享的相关内容,而《环境保护税法》和实施条例为一般性规定,应相对具体地明确信息共享平台建设的内容、形式和程序等内容。

(二)传统线下信息沟通为辅

政府部门之间的跨部门涉税信息共享机制,通常是在政府主导下建构运行。在环境保护税征管协作过程,地方政府对生态环境主管部门与税务机关跨部门信息沟通的支持程度,直接关系税务信息共享体系的运行效果。因此,应赋予地方政府更多的信息沟通协调责任。当前,环境保护税协作征管过程中除依托省级涉税信息共享平台沟通外,较多基层税务部门还是依赖传统的电话沟通后的公文送达形式实现信息的交互和沟通。

在信息沟通方式建设方面,一套与实际情况相适应、行之有效的跨部门涉税信息交互体系,首先离不开政府在跨部门沟通中的统筹协调,其次应当考量的是沟通的有效性和便捷性。实践中,可通过政府的组织协调,明确有关部门的具体职责,体现涉税信息供求双方的利益;而后政府再居中协调,应对可能的部门冲突与利益纠纷。在信息沟通具体范围、具体形式、时限等方面,部分地方采取了协商的形式。除了一般的法律规定,协商模式是一种旨在克服法律僵化的、适应未来变革的体制安排。但是,“协商”这种方式缺少规则的制约,使信息交流的任意性和不稳定性难以克服。各地方政府针对这一问题进行了富有成效的探索,如深圳市制定了一套富有成果的“涉税信息共享协定”。2013 年深圳市地税局和国税局联合,向深圳市政府提出建立“涉税信息共享协定”。随着《深圳市税收征管保障办法》的发布,深圳市明确了涉税信息共享的具体范围和方式。另外,税务机关要求相关单位提供相关税收资料,应与相关单位签署《涉税信息共享协议》,对其内容、时间、方式等进行约定,并明确各方的权利和义务。这种制度设计可以有效地克服行政机关的不确定性、随意性,但同时也存在行政机关自主性、制度化程度和规律化程度不足等问题。[1]

---

〔1〕 参见郭志东:《政府部门间涉税信息共享的困境及破解思路——以〈税收征管法〉修订为背景》,载《税收经济研究》2016 年第 4 期。

第八章　完善环境保护税征管协作机制的建议

一、环境保护税征管协作机制建构的思路

在《环境保护税法》实施背景下，本研究以环境保护税征管为基础，聚焦环境保护税征管过程中环境保护部门与税务机关协作的开展，在充分阐释环境保护部门与税务机关环境保护税收征管职能效应耦合的基础上，从理论、实证和法律三个层面围绕环境保护税协作征管体制、程序、方式展开了系统研究，并立足现状提出优化环境保护税征管协作机制的建设建议。

（一）重视理论指导

协作系统理论是协作机制建构的核心理论，外部性理论、税收征管效率及权责平衡理论则是完善协作内容的指导性理论。笔者将分工协作理论应用到税收征管跨部门协作治理领域，提出协作系统理论是解决税收征管部门隔离、行为碎片化问题的重要基础理论。协作系统理论在公共部门不断细化分工的背景下，有利于实现整体政府执行目标最优，消除机构功能日渐分离和部门行为碎片化相关问题。它以既定的整体性公共服务目标为中心，在不变更部门边界的

前提下,为实现整体政府治理目标、实现跨部门职能衔接与协作提供有效支撑。协作系统理论应用于税收协作征管领域主要包含三要素:一是目标,明确一致的公共管理目标指引是协作的逻辑起点;二是意愿,内在意愿驱动是开展协作的基础;三是信息,在目标和意愿达成过程中,高效信息交互是协作的保障。三要素相互承接、推动转化,从而组成逻辑自洽、结构分明的体系化理论。完备的协作制度体系是跨部门征管明确目标的协作起点,责权明晰的部门边界是驱动税收征管协作的意愿基础,多元化纳税信息交互模式则是协作各方高效沟通的保证。因而,围绕协作系统理论"目标、意愿和信息"三要素构建完备的协作制度体系,建构合理跨部门协作责权配置、推进高效多元的协作信息交互机制与科学的协作程序,是建构我国税收征管协作现代化机制的有效路径。

(二)加强制度体系建设

完备的环境保护税征管协作制度体系是协作机制建构的基础。税收法律分为实体法和程序法两个部分。程序法的功能在于及时、恰当地为实现权利或行使职权主体提供必要的规则、方式和秩序指引;实体法的主要功能在于规定和确认税收征纳双方权利和职权以及义务和责任。从规范内容看,实体法主要由各单行税种法组成,而程序法则由税收基本法《税收征收管理法》与分散在各单行税种法中的程序性规定组成。环境保护税协作征管制度内容,主要是由《环境保护税法》《税收征收管理法》组成,其主要功能是明确各参与税收征管主体及其职责边界,并为其行使征管职权提供程序和方式等规范指引。因此,完备的征管程序制度内容是环境保护税各征纳主体高效开展税收活动的基础,也是科学建构环境保护税协作征管机制的制度保证。

(三)回应实践问题,优化协作内容

科学合理设置协作程序、协作权责和信息沟通模式是协作效率提升的关键。依据现代税收专业化管理的内在逻辑,以纳税服务为先导、以税源管理为核心、以税务稽查为保障,环境保护税征管制度确定了由纳税人、税务机关、生态环境主管部门共同组成的"企业申报、税务征收、环保

监测、信息共享”税收征管模式。通过实践调研和系统性制度分析发现，协作征管实践中纳税人识别和税额确认是协作征管程序需重点完善的环节。跨部门协作征税过程中突出的现实性问题是生态环境主管部门协作意愿不高、主动性不强，其根本原因则是协作权责利设置不平衡、不清晰。合理的协作权责设置成为激发生态环境主管部门协作主动性的关键。当前，生态环境主管部门协助税务机关开展环境保护税征管的主要方式是通过各省建立的“环境保护税信息共享平台”进行涉税信息比对。这一生态环境主管部门协助税务机关通过省级纳税风险信息平台比对进行税额确认的信息交互方式，虽对环境保护的信息化征管发挥了一定推动效用，但这种信息交互方式不仅存在交互程式复杂、模块固定、信息输出单向的问题，且该信息平台只在省级生态环境主管部门与税务机关之间建立，省级以下税务机关需要核对信息按照平台模块信息将数据提交汇总省税务局后，才能进行信息交互，这大大降低了信息交互效率。

本研究立足协作系统理论的指导，从当前我国环境保护税征管协作现状出发，围绕环境保护税征管协作制度，从税收协作征管程序、征管权责设置、协作信息沟通三方面，提出优化环境保护税征管协作机制的对策性建议。环境保护税征管协作机制的建构思路具体见图 8－1。

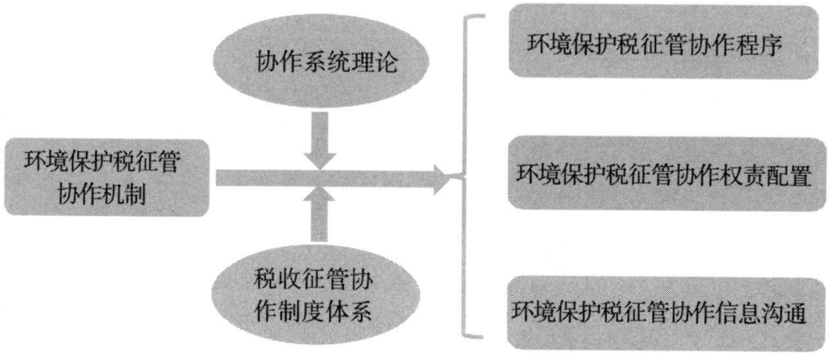

图 8－1 环境保护税征管协作机制建构思路

环境保护税征管协作机制建构,应围绕环境保护部门与税务部门的税收征管职责范围设置;环境保护税征管协作流程优化,应进一步明晰协作部门在征管过程中的权力、责任与利益;应探索环境保护税征管过程中环境保护部门与税务部门协作分工征管效率最优的沟通机制,促进两部门加强环境保护税的征管合作,进一步推动环境保护税征管制度内容的完善;应构建符合分工、协作、支撑专业化要求,依托征管信息平台及征管风险管理要求的环境保护税征管协作制度体系,为政府相关部门提供决策参考。

二、推进环境保护税征管协作制度体系建设

随着税收征管体制改革不断深入,新时代税收征管实践要求将相关各方主体结合起来,共同参与税收的治理,构建税收共治格局。在税收共治体系构建的总目标下,税收征管协作不是协作主体单纯的行政协助行为,而是多元主体共同参与税收共治共享行为。[1] 当前我国《税收征收管理法》《环境保护税法》对征管协作制度作出了顶层设计,地方也围绕环境保护税征管协作开展了多种形式的制度探索,但现行税收征管法律未对协作制度作出系统性、可操作性的回应,这导致税收实践中客观协作的需要与法律滞后之间的矛盾日益凸显。因此,税收征管协作制度的构建应以多方参与、协同共治、互利共享的税收治理格局为目标,在明确征管协作规范在环境保护税法律体系中应然定位的基础上,针对环境保护税征管协作法律制度体系中协作规范具有高度抽象性和可操作性不强的问题,进一步细化《税收征收管理法》及其实施细则、《环境保护税法》及其实施条例,进一步完善税收征管协作的地方立法及其他规范性文件。

(一)税收征管协作制度的应然性定位

立法定位决定了不同法律的级次与立法内容。我国的单行税种法采用了混合立法模式,以税收实体性内容为主,也包含税收程序性规定。因此,《环境保护税法》中的程序性规定与《税收征收管理法》共同组成了我

〔1〕 参见叶金育:《税收协助规范的应然定位和设计基准》,载《法学》2021 年第 2 期。

国环境保护税征管的法律依据。从税收程序制度的角度来讲,《税收征收管理法》为税收程序基本法,《环境保护税法》中的程序性规定则主要围绕该税种的特殊性进行具体规范指引,两部法律可谓是税收征管的一般法和特别法的关系。当前,随着数字化经济的快速发展,税源专业化程度要求不断提高,同时我国税务机关征管功能也在不断强化,税收征管的协作不仅是当前迫切需要面对的现实性问题,也是我国税务机关征管功能高效实现的重要趋向。

环境保护税征管协作规范体系横向法律层面,应由税收基本法和单行税种法共同组成。首先,作为税收征管基本法的《税收征收管理法》对征管协作的基本准则、协作的基本内容、协作主体的责任作出一般性规定;其次,《环境保护税法》结合环境保护税的征管特点对征管协作的主体、方式、具体环节和协作权责等进行具体规定。随着税收立法实践的发展,税收协作制度在税种法与程序法之间仍需协调融合。在纵向上,税收法律与税收行政法规、规章及其他规范性文件并存。税收行政法规、部门规章、政府规章及其他规范性文件可以在法律规定的税收立法范围内对税收征管具体规则作出细化,以实现或增强其可操作性。在税收法定原则的指导下,首先,须明确与纳税人权利义务密切相关的程序规则,如税务稽查、税收强制执行等,必须由法律明确规定。其他一般性程序规范,如税收保障、税收协作等,则可由财政和税务主管部门或地方政府自行规定。其次,中央层面的法律法规对构建环境保护税征管协作机制作出顶层设计、提出具体协作要求后,地方应依据本地实际情况出台一系列配套政策,具体落实协作主体、协作内容与方式,使得征管协作制度更具有可操作性。

(二)《税收征收管理法》及其实施细则

税收征收管理法的改革过程遵循“详略相济”原则,[1]属于税收征管

---

〔1〕 参见叶金育:《论环境保护税征管中环保部门的权责配置》,载《华东政法大学学报》2020年第4期。

基本程序且实践中已比较成熟的,应当在税收征收管理法中明确。税收征管实践中,税务机关对跨部门协作的现实需求日益频繁且协作深度也逐步提升,因而税收征管协作原则性、基础性规则应当作为一般性规范确定到税收征管基本法《税收征收管理法》中,以指导其他具体税收协作规范的制定。《税收征收管理法实施细则》作为对《税收征收管理法》详细的、具体的解释和补充性规范,其功能是进一步细化征管协作的法律规定。

笔者建议,在《税收征收管理法》第一章总则中,精准提炼、科学概括征管协作规范的基本要素,厘清税收协作的内涵和外延。除进一步明确各有关部门和单位应履行协助税务机关依法执行职务的义务外,还应明确"税务机关应当与其他有关部门和单位建立分工协作机制,建立、健全涉税信息提供机制"。笔者建议,在《税收征收管理法》作出一般性规定后,《税收征收管理法实施细则》即规定"分工协作机制""涉税信息共享机制"的具体建设方式及执行程序,使《税收征收管理法》具有更强的可操作性。在《税收征收管理法》第一章"总则"下增设条文"税收协作",对协作内容进行规范,主要是税收征管协作中涉及的一般性事项,如协作主体,协作部门的基本权力和义务,以及相关协作救济的内容等,具体规范的形式可以参照"税务登记"一章进行修订。首先,明确征管协作的性质和主体,即明确税收征管过程中,协作部门为与本行政区域内与税务机关同级的其他业务机关。税收征管协作的性质为法定协作,即在税收征管过程中涉及的专业有关部门承担的是法定协作的义务。其次,规定征管协作的方式,阐明应当采取何种方式进行协作,如可列明建立不同部门之间的信息共享协作机制,以便汇集和使用有效信息,采用书面函件、联席会议等方式进行协作。最后,对征管协作的权益保障进行规定,主要对税务机关与协作部门的相关职责范围和权益保障进行规范,如对于成本花费的控制、效益的划分等问题,建议列明为保障税务工作顺利进行而产生的人力、物力或财力成本,应当将其确认为征管过程中所花费的费用,作为税收征管成本进行后续的处理和考核。针对协作部门没有履行协作义务而应承担的责任,应在第七章“法律责任”中规定。需承担责任的情形有二:一是在协作过程中,作为协作部门的某一专业部门无正当原因拒绝协作,或以消极不作为的行为应对协作;二是因为税务机关或者协作部门协作不利而致使纠纷产生引起的追责问题。前者,税务机关可以首先向协作部门的上级机关申请协作督办;后者,应当比照行政诉讼法进行处理。

(三)《环境保护税法》及其实施条例

《环境保护税法》立足于环境保护税制机理和征管实践,其征管协作规范的设计应满足税收征管程序的现实要求。鉴于单行税种法征管程序制度的特定性定位,从现行制度内容来看,应进一步细化部门之间的协作规范,明确协作征管部门的协作义务内容及违反义务的具体责任。

在协作义务规范设计方面,无论是《环境保护税法》第 14 条规定的建立分工协作机制,还是第 15 条规定的构建涉税信息共享机制,均对税收征管协作机关需协助的内容描述模糊,协助范围高度抽象,可操作性不强。因此,应在《环境保护税法》中明确协作机关需履行的协作义务,如生态环境主管部门应履行污染物监测管理、数据核定、定期交送环境保护相关信息等协作义务。在责任规范设计方面,应进一步细化《环境保护税法》第 23 条的规定,如对无正当理由拒绝协助,或者未在规定时间内提供涉税信息,造成税收流失的,税务机关应当及时报告本级人民政府,由本级人民政府根据情节轻重和流失程度,依照《税收征收管理法》《环境保护法》和有关法律法规的规定对有关部门及其责任人员作出处理。

《环境保护税法实施条例》的制度定位是具体执行、补充、辅助说明《环境保护税法》的规范内容,在《环境保护税法》对税收征管协作义务、责任进行相对系统性规定的基础上,其应在“征收管理”一章对环境保护税征管涉及的协作主体、协作方式、协作内容、协作程序及违法法定义务的责任等内容进行具体规定。具体建议如下:第一,明确生态环境主管部门作为协作主体,在环境保护税征管过程中应履行协作义务,与税务机关协调配合。第二,明确生态环境主管部门与税务机关之间的具体协作方式,如根据工作需要适时组织召开联席会议,建设涉税信息共享平台。其中,涉税信息共享平台的建设责任主体、运行维护主体等内容应当在《环境保护税法实施条例》中予以明确。第三,明确税务机关与生态环境主管部门进行征管协作的内容,主要有涉税信息协作、税源管理协作以及税务稽查协作。涉税信息协作应明确涉税信息交换的范围,采取列举式立法模式列明税务机关及生态环境主管部门通过涉税信息共享平台交送的环境保护税涉税信息。税源管理协作要求税务机关在纳税人识别时与生态环境主管部门充分沟通。税务稽查协作要求生态环境主管部门积极与税务机关对风险疑点、纳税申报异常数据资料或欠缴税款等进行检查协作。第四,明确协作程序的具体内容,如协作期限、协作环节等。对于协作期限,地方可依据实际情况规定合理的期限,如税务机关发现纳税人纳税申报数据资料异常或者纳税人未按照规定期限办理纳税申报或漏征漏管等风险疑点信息,应在获取信息之日起 10 日内通过约定途径提请同级生态环境主管部门进行复核;若临时需要生态环境主管部门协作的工作事项,应提前 3 个工作日向同级生态环境主管部门提出。对于协作环节,应参照行政协作的基本程序;主要环节有提出协作请求、对于协作请求的接受、审查和答复、协作实施、协作救济等。如在环境保护税的税务稽查工作中,税务机关需要按照行政协作的一般程序采用书面的方式对生态环境主管部门申请协作,如果这一申请协作的事项经法律确认属于法律规定的必须履行协作的,协作部门一般不得拒绝。第五,对于协作责任的规定应与《环境保护税法》规定一致,《环境保护税法实施条例》应明确参与征税各部门因不作为或作为不当致使国家、社会集体或者个人利益受损,生态环境主管部门及税务机关作为参与征管主体需承担相应的法律责任。

(四)税收征管协作相关地方立法及其他规范性文件的规范进路

围绕环境保护税征管协作,地方立法和规范制定机构可在《税收征收管理法》及其实施细则、《环境保护税法》及其实施条例的基础上，就税收征管协作所涉事项根据地方具体实施现状制定可操作的补充规定。在地方立法方面，地方各省市应根据地方环境保护税实际征管情况，在地方税收保障条例或税收征管保障办法中专章规定“税收协作”内容。首先，税收征管协作专章内容应明确征管协作的标准与原则，即“应当及时履行涉税行政协助义务”。其次，明确征管协作主体，生态环境主管部门作为协作主体应被列明，表述如“人民法院、人民银行、海关、生态环境局等人民政府有关部门和事业单位应当按照各自职责，做好税收保障有关协助工作”。再次，明确生态环境主管部门的协作义务，如通过涉税信息共享平台移交的信息目录以及环境保护税税款征收中履行的污染物核定义务。[1] 最后，在税收保障条例或税收征管保障办法的“法律责任”一章明确不履行税收协作义务应承担的法律责任及责任承担方式，如“对直接负责的主管人员和其他直接责任人员依法予以处分”等。

地方政府部门应制定更为具体完善的有关环境保护税征管协作的地方规范性文件，对涉及协作部门的职责、协作方式、协作内容、监督考核等作出明确规定，确保环境保护税的征管协作规定具有灵活性和可操作性。首先，需明确组织保障机构及协作部门，成立领导小组，明确各个成员在涉税信息共享平台建设，第三方涉税信息利用，以及税收征管协作工作的组织协调、指导和考核工作等方面的具体分工，将征管协作具体义务分配到具体单位及主要负责人。其次，明确征管协作方式及内容，如建立联席会议制度、涉税信息定期交换制度等，明确涉税信息提供时限、方式及要求，列举成员单位具体协作职责等。最后，明确协作监督考核方式，如建立涉税信息交换和协作考核制度，采取定期组织考核并通报考核结果的方式保障环境保护税征管协作顺利进行。

---

〔1〕 参见徐伟学：《大数据语境下的涉税信息共享与信用规制》，载《学术界》2019 年第 12 期。

三、优化环境保护税征管协作程序

环境保护税是税务机关与生态环境主管部门跨部门深度协作征管税种，首创“企业申报、税务征收、环保协同、信息共享”的协作征管模式。从2018年环境保护税开征以来的实施情况来看，协作征管程序中的纳税人识别与税额确认程序尚有待优化之处。

（一）纳税人识别程序

纳税人识别程序是界定环境保护税纳税人身份的核心环节，《环境保护税法实施条例》第15条第1项中[1]规定，生态环境主管部门向税务机关交送排污单位的名称、统一社会信用代码以及污染物排放口、排放污染物种类等基本信息。从规范内容可知，自纳税人识别程序始，税务机关与生态环境主管部门就需要进行信息传递与交互。具体的识别程序与环境保护“许可管理”模式接轨，实行“登记—许可—征税”模式，即先将有排污许可项目的纳税人纳入纳税人识别号管理，再根据日常巡查的排污信息纳入常态化的税收征管。在环境保护税征管实践中，首先，税务机关依据生态环境主管部门交送的排污单位信息进行纳税人识别。在此过程中，生态环境主管部门移交的数据十分关键，若有少报与漏报，都将影响纳税人识别工作。其次，环境保护税的纳税人群体量庞大，且复杂多元，生态环境主管部门难以做到全方位的监测与排查。《环境保护税法》囊括的纳税主体除了大中型企业之外，还包括小型企业、个体工商户和医院等，纳税主体都应该纳入税源监控范围。而在目前的实践中，由于受制于各种因素，如缺乏人力与工作经费不足等，生态环境主管部门的精力主要集中在大中型企业，对小型企业及个体工商户难以做到全覆盖。

在纳税人识别协作实践中，主要存在两大突出问题：一是生态环境主管部门向税务机关单向提供纳税人相关信息，税务机关即便发现疑似符

---

〔1〕《环境保护税法实施条例》第15条规定：“环境保护主管部门应当通过涉税信息共享平台向税务机关交送在环境保护监督管理中获取的下列信息：(一)排污单位的名称、统一社会信用代码以及污染物排放口、排放污染物种类等基本信息……”

合环境保护税纳税人情况也无法将其列入纳税人系统，无法督促生态环境主管部门实施纳税人核查程序，难以实现税务机关与生态环境主管部门纳税人信息的交互融通。二是基层生态环境主管部门提交的纳税人信息主要关注点集中在大型污染企业，对于其他纳税主体监测覆盖不全面问题突出。因此，建立税源数据库予以纳税识别，将涉税信息共享平台的建立落到实处十分必要。应通过涉税信息共享平台的建立让生态环境主管部门与税务机关双方都能及时看到纳税人识别信息，在平台上进行信息交互，防止单个部门的工作失误导致纳税人信息识别质效降低（见图8－2）。另外，需要明确进入环境保护税税源数据库的纳税主体主要包括四个层面：一是“费改税”前已征收排污费的单位和个体工商户；二是已领取排污许可但尚未征收排污费的单位和个体工商户；三是因偷排污染物被生态环境主管部门查处的单位和其他生产经营者；四是税务机关对特定行业进行调查核实，并经生态环境主管部门认定属于污染物排放监管对象的企事业单位和其他生产经营者。

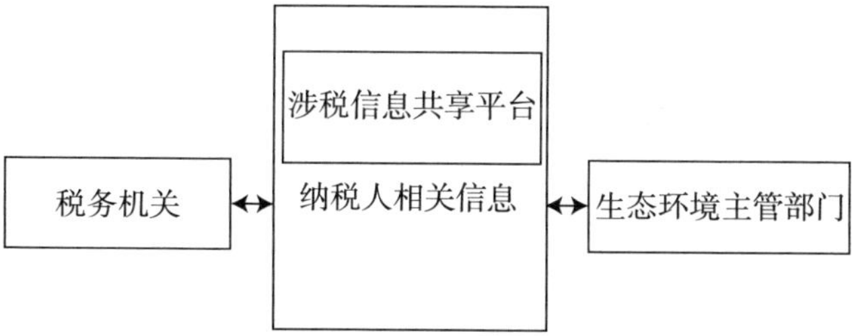

图8－2　纳税人识别程序流程

（二）税额确认程序

税额确认程序具体流程如下：首先，税务机关将纳税人申报信息、税务机关征收管理信息和生态环境主管部门传递的排污费历史征收数据、环境违法处罚信息、监测数据等通过与省级涉税共享信息平台交换的信息逐项比对，若出现纳税人申报数据存在异常或纳税人未按规定期限申报的情况，税务机关则可提请生态环境主管部门对其进行复核。

其次,生态环境主管部门需在收到税务机关数据资料 15 日内,向税务机关出具复核意见。根据复核意见,税务机关对纳税人身份进行确认后,再通知纳税人更正排污数据信息。最后,税务机关对纳税人应纳税额进行调整或追征税款。

在整个税额确认过程中,生态环境主管部门由于掌握着纳税主体的排污数据实际上充当实质性审查判断角色,税务机关担任的则是形式审查角色。税额确认程序的基础是数据核对,而这些数据掌握在生态环境主管部门手中,《环境保护税法》第 14 条第 2 款[1]规定,生态环境主管部门负责污染物监测管理。因此,建立涉税信息共享平台进行信息交互具有重要意义,使得在信息平台上显示各监测数据成为可能,有利于沟通税务机关与生态环境主管部门,破除行政协作的信息壁垒,促使税务机关参与到税额确认程序的实质环节中,突出税务机关的征税主体地位。另外,税务机关可以加大在税额确认程序前期的参与度,通过涉税信息平台对申报数据存在异常或纳税人未按规定期限申报的情况进行初步复核,减轻生态环境主管部门的工作量,进而提高生态环境主管部门的协作积极性。

《环境保护税法》第 15 条[2]对环境保护税涉税信息共享的主体以及应共享的内容进行了简单的规定,《环境保护税法实施条例》在此基础上对环境保护税涉税信息共享的要求及范围进行了明确的规定和划分。第 14 条[3]对税务总局和生态环境主管部门对环境保护税涉税信息共享机

---

〔1〕《环境保护税法》第 14 条第 2 款规定:"生态环境主管部门依照本法和有关环境保护法律法规的规定负责对污染物的监测管理。"

〔2〕《环境保护税法》第 15 条规定:"生态环境主管部门和税务机关应当建立涉税信息共享平台和工作配合机制。生态环境主管部门应当将排污单位的排污许可、污染物排放数据、环境违法和受行政处罚情况等环境保护相关信息,定期交送税务机关。税务机关应当将纳税人的纳税申报、税款入库、减免税额、欠缴税款以及风险疑点等环境保护税涉税信息,定期交送生态环境主管部门。"

〔3〕《环境保护税法》第 14 条第 2 款、第 3 款规定:"生态环境主管部门依照本法和有关环境保护法律法规的规定负责对污染物的监测管理。县级以上地方人民政府应当建立税务机关、生态环境主管部门和其他相关单位分工协作工作机制,加强环境保护税征收管理,保障税款及时足额入库。"

制的实施权、监管权进行了明确规定。第15条[1]、第16条[2]进一步细化了涉税信息共享的具体内容,规定了生态环境主管部门和税务机关相互交送信息的义务和范围。《财政部 税务总局 环境保护部关于全面做好环保税法实施准备工作的通知》中要求,省一级生态环境主管部门和税务机关组织安装信息共享平台。[3]

建立涉税信息共享平台主要是为了解决在税收过程中税务机关与纳税主体之间的信息不对称问题。将生态环境主管部门监测数据共享入平台中,由税务机关直接查看即可。但目前涉税信息共享平台建设主要由省级税务机关联合省级生态环境主管部门建立省级平台,协作信息交互数据只能集中到省级层面后逐级发送进行核对。并且税务机关与生态环境主管部门两部门使用各自所建立的系统,两套系统各自独立运行,各部门系统内部之间信息是纵向交流,税务机关与生态环境主管部门之间信息的横向交流只能是省级层面,无法实现信息的平行互联互通。而处于环境保护税征管一线,最需要协作沟通的基层税务机关与生态环境主管部门之间更是未曾建立有效的数字化信息交互平台系统,部分地方仍沿用传统的点对点文件信息交换手段进行税额的确认工作,流程烦琐,效率不高。因此,优化税额确认程序的核心在于提升信息沟通方式,涉税信息

---

〔1〕《环境保护税法实施条例》第15条规定:"环境保护主管部门应当通过涉税信息共享平台向税务机关交送在环境保护监督管理中获取的下列信息:(一)排污单位的名称、统一社会信用代码以及污染物排放口、排放污染物种类等基本信息;(二)排污单位的污染物排放数据(包括污染物排放量以及大气污染物、水污染物的浓度值等数据);(三)排污单位环境违法和受行政处罚情况;(四)对税务机关提请复核的纳税人的纳税申报数据资料异常或者纳税人未按照规定期限办理纳税申报的复核意见;(五)与税务机关商定交送的其他信息。"

〔2〕《环境保护税法实施条例》第16条规定:"税务机关应当通过涉税信息共享平台向环境保护主管部门交送下列环境保护税涉税信息:(一)纳税人基本信息;(二)纳税申报信息;(三)税款入库、减免税额、欠缴税款以及风险疑点等信息;(四)纳税人涉税违法和受行政处罚情况;(五)纳税人的纳税申报数据资料异常或者纳税人未按照规定期限办理纳税申报的信息;(六)与环境保护主管部门商定交送的其他信息。"

〔3〕参见何玮:《环保税征管模式:部门协作难题与解决对策》,载《中国总会计师》2018年第11期。

平台的建立与工作配合机制的完善尤为重要。

涉税信息共享平台不仅可以解决目前税务机关信息匮乏的问题,减轻税务机关对生态环境主管部门工作的依赖程度,还可以提高信息交换频率,从而促进征收效率的提高,这也符合程序效率原则的要求。

四、细化环境保护税征管协作权责配置

环境保护税协作征管实践中生态环境主管部门协作主动性不强、积极性不高等现象背后,税收协作主体法定职责内容与边界不清、协作配套激励与保障机制不完善、法律责任尚未得到有效落实是根本性问题,这些问题是影响环境保护税征管协作执行效率和征管质量高效实现的关键。因此,需要从明确征管与协作主体的法定职责内容与边界,落实各主体的法律责任以及完善相应的协作配套激励与保障机制等方面入手,细化环境保护税征管协作权责配置内容,发挥环境保护税征管协作的优势。

(一)职责内容与边界

环境保护税征管实践中,生态环境主管部门协作意愿不足、协作效率不高、责任碎片化等问题,与征管协作主体法定职责内容不明、责任与权力边界不清密切相关。因此,明确涉税各主体的法定职责内容与边界,构建以政府为依托,税务机关总负责,生态环境主管部门为协作主体,其他相关部门配合征管的环境保护税协作征管体系是解决问题的关键。

1.税务机关的主要工作职责与内容

税务机关作为环境保护税的征管主体,享有对环境保护税的征收权,并依法履行受理纳税申报、对比涉税信息等职责。在环境保护税纳税申报受理环节,税务机关负责将纳税人的纳税申报数据资料与生态环境主管部门送交的相关数据资料进行比对,就异常数据提请生态环境主管部门复核并就复核结果调整应纳税额。此外,税务机关还需要定期向生态环境主管部门送交纳税人纳税申报、减免税额以及风险疑点等涉税信息。税务机关与协作部门在征管程序中的职能对接,主要体现在环境保护税核定、复核环节以及涉税信息共享平台的建设上。因此,厘清税务机关与其他协作主体在征管协作中的职责边界,明确环境保护税税额核定与复

核程序中各部门的职责链接环节，是高效提升税务信息沟通的关键。在税额确定环节，可通过限制性规定来规范生态环境主管部门对计税依据的核定职权，[1]明晰申报数据异常标准，促使税务机关根据不同类型纳税人动态化选取高度关联信息向生态环境主管部门定期报送，提高征管质效。

2. 生态环境主管部门的工作职责与内容

依据环境保护税征管协作制度，生态环境主管部门为环境保护税征管协作主体，依法负责应税污染物监测管理，制定和完善污染物监测规范，并通过涉税信息共享平台向税务机关定期送交排污单位的排污许可、污染物排放数据、环境违法和受行政处罚情况等环境保护相关信息，还在税务机关提请复核后，在规定时间内就纳税人异常申报数据出具复核意见，配合税务机关核定污染物排放种类、数量和应纳税额。依据《环境保护税法》的规定，生态环境主管部门处于配合协助税务机关确认纳税人、核定税款等辅助征管地位，但实际上生态环境主管部门对环境保护税计税依据和税额的确定发挥着重要支撑性作用，其承担的职责重要且繁杂。关于生态环境主管部门与税务机关环境保护涉税数据定期交换的制度设置，实践中发现部分生态环境主管部门需要定期与税务机关进行交互的环境保护信息与环境保护税征管工作的内在关联性并不高，过于宽泛的信息范围设置增加了生态环境主管部门协作税务机关开展征税工作的压力，一定程度上影响了其协作效率和积极性。因此，一方面应当明确生态环境主管部门在征管协作中的功能定位，坚持责权利对称的原则，科学合理界定其协作工作内容；另一方面也应在规范中明确生态环境主管部门在税收征管协作中消极不作为等行为的法律后果和责任。

3. 地方政府的工作职责与内容

笔者认为，首先，为真正发挥政府在征管协作中的领导作用，地方人

[1] 参见林蔚：《跨部门合作：环境保护税征管合作机制研究》，载《华南师范大学学报（社会科学版）》2021 年第 4 期。

民政府可以编制环境保护税征管协作工作的权责清单，细化相关法律的规定，明确不同部门的职责范围，避免部门间相互诿责。其次，参考已有环境保护税征管协作制度建设经验，各级政府可以成立环境保护税征管工作协调领导小组，将财政部门、税务机关以及生态环境主管部门的主要负责人列入小组成员中，根据地方实际情况，制订深化环境保护税征管协作的工作方案。最后，建立重要情况通报制度，完善联席会议制度，政府领导财政部门、税务机关、生态环境主管部门、住建局、发改委等参与协作部门定期召开会议，讨论并研究征管中存在的疑难问题和解决方案。这有利于打破部门间的系统壁垒，引导协作部门主动参与，强化相关部门的分工与配合，形成协调联动的协作机制。

（二）协作责任

环境保护税是由过去生态环境主管部门负责征管的排污费“税负平移”而来，税务机关为征管主体，生态环境主管部门则作为协作主体参与征管工作。生态环境主管部门从排污费的主要负责部门成为环境保护税的协作征管参与主体，其由主到次的征管地位发生变化的背后是征管利益的悄然变更，实践中生态环境主管部门消极对待问题突出。在环境保护税征管协作制度中，生态环境主管部门作为协作主体负有定期送交环境保护相关信息、出具复核意见以及建立涉税信息共享平台和工作配合机制等征管义务，这些与其所具有的环境保护税计税依据与应纳税额的核定权相匹配，形成了环境保护税征管协作的重要权责体系。[1] 但《环境保护税法》没有明确与之相对应的法律责任。

具体到环境保护税征管协作权责配置制度中，首先，要在法律上明确违反法定义务的具体责任。《排污费征收使用管理条例》第五章罚则部分明确规定了生态环境主管部门、财政部门等主管部门以及相关工作人员的法律责任。我们可以参照《排污费征收使用管理条例》的责任规范，结

〔1〕 参见叶金育：《论环境保护税征管中环保部门的权责配置》，载《华东政法大学学报》2020年第4期。

合生态环境主管部门以及相关工作人员在征管协作中的具体权责,对《环境保护税法》及其实施条例中的法律责任条文进行细化,规定生态环境主管部门及其工作人员在税额核定、复核等环境保护税征管协作过程中存在的违法违规行为所应当承担的法律责任。另外,还可借《税收征收管理法》修订,将环境保护税协作主体纳入法律责任规范的适用主体之中,明晰生态环境主管部门的法律责任,为法律责任追究制度的适用提供支撑。其次,应健全征管协作责任追究制度。针对环境保护税征管过程中存在的具体问题,明确责任主体。例如,纳税人对征税程序方面存在异议或者因税务机关未按时履行催缴义务或税额计算错误导致税款流失等问题,税务机关应作为责任主体,承担相应的法律责任。纳税人对计税依据以及生态环境主管部门出具的复核意见有异议时,应当由生态环境主管部门作为责任主体,承担相应法律责任。此外,在明确责任主体的基础上,还应当严格责任追究方式,规范责任追究程序。通过落实法律责任,贯彻权责一致的原则,让协作主体积极主动、负责地履行协作义务,承担因履行义务不足以及履行义务中出现问题时所产生的法律责任,最终保障环境保护税征管协作工作的落实。

(三)协作配套激励与保障机制

环境保护税征管协作涉及生态环境主管部门、政府以及其他相关部门多个主体,如何有效建立跨部门分工协作机制,发挥各部门职能优势,从而实现环境保护税征管目标的最大化是环境保护协作征管制度优化的重要论题。提高跨部门协作的效率,增强协作意愿,进而完善环境保护税征管协作配套激励与保障机制,是推动环境保护税征管协作工作机制高效运转的关键。

完善协作配套激励机制,可建立协作征收工作互评机制并引入政府内部绩效管理制度。建立协作征收工作互评机制,根据协作部门在征管工作中的实际配合情况进行互评,及时反馈征管协作工作中存在的问题,可为跨部门协作工作的改进提供建议,监督双方的工作,改变协作部门在提供涉税信息、出具复核结果等工作中主动性与积极性不高的现状,激励协作部门积极参与到税收征管协作中。另外,还可引入政府内部绩效管理制度,对跨部门协作的实际情况进行考核,并结合协作工作互评结果进行相应的奖励和惩戒,提高协作部门对相关工作的重视度,激发组织机构及其工作人员的工作内生动力,增强环境保护税征管协作意愿。

在协作配套保障方面,首先,要有足够的资金支持。与排污费征收时期实行专款专用等制度相比,现行制度仅规定了环境保护税收入归属,并未明确细化其具体使用用途,各地管理与使用方式各不相同。因此,建议参考《排污费征收使用管理条例》规定建立环境保护税专款专用制度,将环境保护税收入专款用于环境治理、环保基础设施建设以及技术创新等项目中,并建立税款管理使用监察制度,为生态环境主管部门参与协作提供可持续发展的资金保障。其次,税务机关环境保护专业人才缺乏等人员配置问题是跨部门协作沟通与配合的难题,所以保障征管协作工作的运行需要健全相关部门人员配置。第一,税务机关引进专业人才,在国家公务员考试招录计划中划定招收环境保护专业相关人员,弥补税务机关环保专业知识与技术的不足;第二,建立环境保护税征管业务常态培训制度,一方面税务机关内部对环境保护税工作人员进行业务培训,另一方面由税务机关与生态环境主管部门开展联合培训,并增加对培训成果的考核环节,保障并提高培训质量与受训人员的学习积极性;第三,生态环境主管部门设置专门工作人员,负责与税务机关就环境保护税征管工作进行沟通和对接,降低部门之间的沟通成本,提高协作效率。

五、提升环境保护税征管协作信息沟通效率

(一)加强涉税信息共享平台综合建设

根据《环境保护税法》,生态环境主管部门和税务机关应当建立涉税信息共享平台和工作配合机制。环境保护税开征以来,生态环境主管部门主要通过人工向税务机关传送征税相关数据,费时耗力且容易出错。涉税共享平台上线运行后,应用最新的大数据筛选技术,将所有涉及环境税源信息通过清洗、数据标准化处理、涉税信息共享管理、综合分析展示

模块将污染源在线监测、排污许可、行政处罚等数据推送至税务端,改变了之前“手动传输,逐条筛选”的传统数据共享方式。另外,税务机关的基础税源信息、年度减免污染当量等数据同步传送至环保端。平台还可进行污染源排放总量与排污许可数据的关联分析,极大提高了工作效率,提升了两部门数据共享和分析应用水平。各省涉税信息共享平台的投入运行,标志着生态环境主管部门和税务机关之间的数据共享实现了标准化、自动化。

目前,涉税信息共享平台主要集中在省级层面,地方部门需要将数据逐级集中到省级部门后再进行信息交互,同时还存在涉税信息收集标准过于宽泛、系统运行机制不畅、协作信息平台运行维护经费保障的现实问题。随着涉税数据总量不断增加和完善,加大数据分析和应用能力,支撑污染源精准管控和环保税精细征收,需要从以下四个方面加强涉税信息平台的建设:一是通过规范科学合理确定环境保护税涉税数据核查标准,从制度上保障涉税信息平台运行经费。二是根据环境保护税信息共享平台的建设需要,强化与生态环境主管部门、税务机关的数据交流,完善数据平台的功能和编码程序,为两部门数据交互提供完善的数据信息技术支撑,完善涉税信息共享平台的数据查询、数据处理、数据交互等功能,并利用新技术完善监测系统。三是完善“金税系统”和涉税信息共享平台的衔接渠道,建立环境保护税的分类、汇总和查询功能,为税务机关数据的查询、处理创造便捷条件。四是尽早建立环境保护税的风险管控体系,及时将环境保护税信息共享平台、“金税系统”环境保护税的信息数据库与原有的国家税务总局的内部风险监控平台进行数据比对,分析、发现、处置涉税风险。[1]

(二)构建多元化的信息沟通模式

构建多元化的环境保护税信息沟通模式中的“多元化”,包括两个层

---

〔1〕 陈阵:《环境保护税征管中存在的问题及对策研究》,载《税务研究》2019 年第 6 期。

面的建设。第一层多元化,指立足当前生态环境主管部门与税务机关建立的涉税信息共享平台,在地方政府协调推动下各地建立符合地方交流方式的多样化的跨部门信息沟通模式,以弥补涉税信息共享平台不能覆盖地方的不足。第二层多元化则是围绕环境保护税征管的现实需要,进一步增加信息沟通主体。目前征管信息沟通主体主要聚焦在税务机关与生态环境主管部门之间的沟通,随着环境保护税征管对象的不断发展变化,信息沟通还会涉及多元化的部门和机构,如地方政府、第三方环境评估机构等,可借助内外有别、封闭和开放区分的信息沟通平台进行涉税信息的多元交互。构建多元化的信息沟通模式,还需要对涉税信息的主体进行界定。虽然《税收征收管理法》明确规定了"信息披露",但由于其内容不够详细,无法对信息沟通进行有效的引导。《税收征收管理法》仅对银行业等金融机构的涉税信息进行了明确的界定,而对其他行业却没有明确的规定,使得信息不能完全共享。为此,须明确信息源的主体,细化未履行的法律责任,并根据实际情况给予相应的惩罚。[1]

(三)健全双向信息沟通机制

环境保护税的征管自始至终都在强调生态环境主管部门对税务机关的协助功能,在信息交互过程中,也主要是生态环境主管部门向税务机关提供相关涉税信息,而忽略了税务机关通过信息交互机制将环境保护税纳税人信息、申报信息、信用信息等涉税信息及时反馈给生态环境主管部门,协助生态环境等部门对可疑纳税人进行重点监控,制订有计划的监测方案,减少污染防治费用,提高环境保护的效益和效率的重要性。还应强调,税务机关在履行职责过程中,如发现可能符合纳税情况但未纳入纳税人范畴的检测对象,可向生态环境主管部门沟通反馈。因此,环境保护税征管沟通应是双向信息的交互支持,税务机关可将所掌握的有关环境保护税的相关信息与生态环境主管部门进行共享,从而实现二次传输,真正

---

〔1〕 王志国、孙丹:《第三方涉税信息共建共享优化研究》,载《会计之友》2021 年第 15 期。

做到环境保护税信息的双向共享。〔1〕

为确保税收信息协作的有效性，促进信息的双向传输，可建立追责制度，对税务机关和生态环境主管部门不履行涉税信息提供义务、反馈义务、保密义务、故意滥用或泄露涉税信息的，可依法追究相应的民事、行政和刑事责任。〔2〕对不履行提供涉税信息义务的单位，经税务机关书面告知，限期改正；造成税款流失而不能纠正的，按其所造成的税收损失的大小，对有关负责人和相关人员进行相应的行政处罚。对未履行涉税信息保密义务、故意泄露涉税信息导致其涉税信息权力受损、擅自改变涉税信息用途的，应给予主管及责任人员行政处分；对有违法犯罪行为的，应当及时报告各级人民政府和有关部门，并对有关负责人和有关人员进行刑事处罚。通过对环境污染治理和税收征管的整合，可以降低环境保护税的征收成本，从而实现利用税收杠杆来改善生态环境的绿色目标。因此，要建立环境、税收等方面的相互培训和人员交流的长效机制，提高环境保护的整体执法水平。该机制的建立与运作，有助于完善全国环境保护监督的纵向一体化管理模式，促进省级以下环境监测与纵向监管模式有效建立。〔3〕

〔1〕　参见刘珊：《税收共治视野下环境税涉税信息共享最优规则》，载《南京工业大学学报（社会科学版）》2019 年第 5 期。

〔2〕　参见刘剑文：《税收征管制度的一般经验与中国问题：兼论〈税收征收管理法〉的修改》，载《行政法学研究》2014 年第 1 期。

〔3〕　参见方堃：《环境保护税征管中的问题与对策》，载《中州学刊》2019 年第 8 期。

参考文献

一、著作类

[1]李慧玲:《环境税费法律制度研究》,中国法制出版社2007年版。

[2]王慧:《环境税合法性研究》,法律出版社2018年版。

[3]张宏翔:《环境税理论和实践——基于西方先进国家的成功经验分析》,科学出版社2015年版。

[4]国家环境保护局:《中国的排污收费:回顾与展望(1979—1985)》,海洋出版社1988年版。

[5]熊伟、李刚主编:《税收征收管理法:修订建议稿及立法理由》,法律出版社2022年版。

[6]梁本凡:《绿色税费与中国》,中国财政经济出版社2002年版。

[7]杜健荣:《卢曼法社会学理论研究:以法律与社会的关系问题为中心》,法律出版社2012年版。

[8]闫海主编:《税收征收管理的法理与制度》,法律出版社2011年版。

[9]刘剑文、熊伟:《税法基础理论》,北京大学出版社2004年版。

[10]刘剑文:《财税法——原理、案例与材料》

（第 4 版），北京大学出版社 2020 年版。

[11]刘剑文等：《财税法总论》，北京大学出版社 2016 年版。

[12]葛克昌：《纳税者权利保护法析论》，台北，元照出版有限公司 2018 年版。

[13]陈清秀：《税法总论》，台北，元照出版有限公司 2006 年版。

[14]杨小强：《中国税法原理、实务与整体化》，山东人民出版社 2008 年版。

[15]罗宏、陈煌、杨占红编著：《环境保护税与中国实践》，中国环境出版集团 2019 年版。

[16]李传轩：《中国环境税法律制度之构建研究》，法律出版社 2011 年版。

[17]张守文：《税法原理》（第 9 版），北京大学出版社 2019 年版。

[18]施正文：《税收程序法论——监控征税权运行的法理与立法研究》，北京大学出版社 2003 年版。

[19]杨得前、李建军：《税收征管效率评估：方法与应用》，中国税务出版社 2013 年版。

[20]曾凡军：《基于整体性治理的政府组织协调机制研究》，武汉大学出版社 2013 年版。

[21]翟继光：《财税法基础理论研究》，中国政法大学出版社 2017 年版。

[22]刘剑文、熊伟：《财政税收法》（第 7 版），法律出版社 2017 年版。

[23]麻睿：《基于新公共管理理论的中国税收征管绩效研究——以 H 市为案例》，中国社会科学出版社 2020 年版。

[24]国家税务总局税收科学研究所：《世界税收征管现状与趋势（2021）》，中国税务出版社 2021 年版。

[25]Leonard White, *Introduction to the Study of Public Administration*, Macmillan, 1926.

[26]Perri Six, *Holistic Government*, Demos, 1997.

[27] Morten Egeberg, *How Bureaucratic Structure Matters: An Organizational Perspective*, Peters BG, Pierre J. Handbook of Public Administration. London: Sage, 2003.

[28][美]罗伯特·阿格拉诺夫、迈克尔·麦圭尔:《协作性公共管理:地方政府新战略》,李玲玲、鄞益奋译,北京大学出版社2007年版。

[29][美]斯蒂芬·戈德史密斯、威廉·D.埃格斯:《网络化治理:公共部门的新形态》,孙迎春译,北京大学出版社2008年版。

[30][美]尤金·巴达赫:《跨部门合作:管理"巧匠"的理论与实践》,周志忍、张弦译,北京大学出版社2011年版。

[31][英]克里斯托夫·鲍利特:《重要的公共管理者》,孙迎春译,北京大学出版社2011年版。

二、期刊类

(一)中文期刊

[1]金国坤:《行政协作法律机制研究》,载《河北法学》2008年第1期。

[2]曾维和:《从"企业家政府"到"整体政府"——当代西方政府改革组织创新的逻辑及方法》,载《华中科技大学学报(社会科学版)》2008年第5期。

[3]刘亚平:《协作性公共管理:现状与前景》,载《武汉大学学报(哲学社会科学版)》2010年第4期。

[4]王军霞:《整体政府的知识协作研究——基于中国的实践》,载《北京航空航天大学学报(社会科学版)》2010年第5期。

[5]曾维和:《后新公共管理时代的跨部门协同——评希克斯的整体政府理论》,载《社会科学》2012年第5期。

[6]颜佳华、吕炜:《协商治理、协作治理、协同治理与合作治理概念及其关系辨析》,载《湘潭大学学报(哲学社会科学版)》2015年第2期。

[7]王生坤:《城市管理碎片化形成原因与解决路径》,载《上海城市管理》2015年第2期。

[8]郭志东:《政府部门间涉税信息共享的困境及破解思路——以〈税收征管法〉修订为背景》,载《税收经济研究》2016 年第 4 期。

[9]刘福元:《部门间行政协作的困境与出路——以城市管理综合执法为例》,载《当代法学》2016 年第 5 期。

[10]赖慧婧、黄雅妮:《加强涉税信息共享机制建设的思考》,载《税务研究》2016 年第 8 期。

[11]付景涛:《非任务绩效视角下的跨部门协同绩效作用机制研究》,载《中国行政管理》2017 年第 4 期。

[12]何敏飞:《建立审计与税务机关配合工作机制研究》,载《税务研究》2017 年第 5 期。

[13]周悦丽:《整体政府视角下的京津冀区域执法协同机制研究》,载《首都师范大学学报(社会科学版)》2017 年第 4 期。

[14]任敏、罗丹:《关于协作性治理理论的研究综述》,载《河北北方学院学报(社会科学版)》2018 年第 1 期。

[15]戴芳、胡娇:《论我国环境保护税征管措施的优化》,载《税收经济研究》2018 年第 4 期。

[16]高德强、陈琳:《论政府部门良性协作机制构建的现实障碍及实现路径》,载《长江论坛》2018 年第 2 期。

[17]李婷婷:《协作治理:国内研究和域外进展综论》,载《社会主义研究》2018 年第 3 期。

[18]胡学龙、杨倩:《我国环境保护税制度改进及征收管理研究》,载《税务研究》2018 年第 8 期。

[19]王鲁宁、巫晓慧、王乾:《环境保护税征管"协作共治"的思考》,载《国际税收》2018 年第 12 期。

[20]储德银、左芯:《"互联网 +"背景下加强税收征管面临的挑战及应对》,载《税务研究》2018 年第 7 期。

[21]边羽美:《大数据时代下网络主播个税征管问题探究——兼议纳税人识别号辅助税收经验运用》,载《东南大学学报(哲学社会科学

版)》2018 年第 S2 期。

[22]侯卓:《论环保税专项支出的地方预算法治改进》,载《中国地质大学学报(社会科学版)》2019 年第 1 期。

[23]刘珊:《税收共治视野下环境税涉税信息共享最优规则》,载《南京工业大学学报(社会科学版)》2019 年第 5 期。

[24]马国强:《当代中国治税思想:理论研究与实践总结——庆祝中华人民共和国成立 70 周年》,载《税务研究》2019 年第 10 期。

[25]黄家强:《社保费税式征缴转换中的权责交接与制度接洽》,载《税务与经济》2019 年第 5 期。

[26]陈阵:《环境保护税征管中存在的问题及对策研究》,载《税务研究》2019 年第 6 期。

[27]丁道兵、许建国:《完善环境保护税征管制度的几点思考》,载《税务研究》2019 年第 3 期。

[28]叶青、吕阳:《基于"互联网 + 税务"背景下的税收信息化研究》,载《税收经济研究》2019 年第 1 期。

[29]高萍:《环境保护税实施情况分析及完善建议》,载《税务研究》2019 年第 1 期。

[30]王怡:《环境税的法律博弈论分析——以企业排污治理为例》,载《兰州学刊》2013 年第 9 期。

[31]马蔡琛、赵笛:《构建以环境保护税为基础的绿色税收体系》,载《税务研究》2020 年第 11 期。

[32]王乔、周全林:《我国开征环境保护税的总体思考》,载《江西社会科学》1999 年第 3 期。

[33]刘波:《关于环境管理中"费改税"的构想》,载《江汉论坛》2001 年第 12 期。

[34]王萌:《我国排污费制度的局限性及其改革》,载《税务研究》2009 年第 7 期。

[35]袁向华:《排污费与排污税的比较研究》,载《中国人口·资源与

环境》2012 年第 S1 期。

[36]张守文:《我国环境税立法的“三维”审视》,载《当代法学》2017 年第 3 期。

[37]卢洪友、朱耘婵:《我国环境税费政策效应分析——基于“三重红利”假设的检验》,载《中国地质大学学报(社会科学版)》2017 年第 4 期。

[38]于连超等:《环境保护费改税有助于提升企业产能利用率吗?——来自〈环境保护税法〉实施的准自然实验证据》,载《上海财经大学学报》2021 年第 4 期。

[39]武辉、卢茂洲:《开征环境保护税的效应预测及政策建议——以山东省为例》,载《山东财经大学学报》2017 年第 6 期。

[40]侯卓、黄家强:《财政自主与环境善治:环境税法实施中的法域协调》,载《中国人口 · 资源与环境》2019 年第 2 期。

[41]秦天宝、胡邵峰:《环境保护税与排污费之比较分析》,载《环境保护》2017 年第 2 期。

[42]刘田原:《环境保护税征管:现实困境、域外经验及完善进路》,载《地方财政研究》2019 年第 12 期。

[43]方堃:《环境保护税征管中的问题与对策》,载《中州学刊》2019 年第 8 期。

[44]王敬波:《面向整体政府的改革与行政主体理论的重塑》,载《中国社会科学》2020 年第 7 期。

[45]陈少英:《环境排污费改税的立法选择——基于税收本质观的重新思考》,载《华东理工大学学报(社会科学版)》2016 年第 1 期。

[46]叶金育、褚睿刚:《环境税立法目的:从形式诉求到实质要义》,载《法律科学》2017 年第 1 期。

[47]吕健俊、陈柏峰:《基层权责失衡的制度成因与组织调适》,载《求实》2021 年第 4 期。

[48]叶金育:《论环境保护税征管中环保部门的权责配置》,载《华东

政法大学学报》2020 年第 4 期。

[49]冉富强:《民法引致公法所带来的司法权与行政权的冲突与协调》,载《河南社会科学》2008 年第 2 期。

[50]吕忠梅:《新时代环境法学研究思考》,载《中国政法大学学报》2018 年第 4 期。

[51]石佑启:《论法治视野下行政权力的合理配置》,载《学术研究》2010 年第 7 期。

[52]孙杰:《共建共治共享:构筑"中国之治"的社会基础》,载《科学社会主义》2021 年第 2 期。

[53]丁日佳、丁文均:《基于制度分析与发展框架的环境保护税多元协同治理研究》,载《税务研究》2020 年第 7 期。

[54]谌卉珺、叶美霞:《地方推行大部制行政体制改革的进路》,载《重庆社会科学》2018 年第 2 期。

[55]胡重明:《任务环境、大部制改革与地方治理体系的反官僚制化——对浙江省地方食品药品监管体制改革的考察》,载《中国行政管理》2016 年第 10 期。

[56]田玉麒、张贤明:《从"权力本位"到"责任本位":政府职责体系建设的理念变革》,载《社会科学研究》2020 年第 5 期。

[57]王清军、胡开杰:《我国流域环境管理的法治路径:挑战与应对》,载《南京工业大学学报(社会科学版)》2020 年第 5 期。

[58]曾鲲、皮祖彪:《论行政权责不对等》,载《行政论坛》2004 年第 2 期。

[59]麻宝斌、郭蕊:《权责一致与权责背离:在理论与现实之间》,载《政治学研究》2010 年第 1 期。

[60]关保英:《权责对等的行政法控制研究》,载《政治与法律》2002 年第 3 期。

[61]谭波:《权责统一:责任型法治政府建设的基本思路》,载《西北大学学报(哲学社会科学版)》2020 年第 4 期。

[62]史瑞杰:《政治哲学视域中的效率与公平》,载《社会科学战线》

2021 年第 4 期。

[63]高凤勤、许可:《效率还是公平:新一轮个人所得税制改革思考》,载《税务研究》2015 年第 3 期。

[64]张学博:《基于制度性交易成本理论对〈税收征管法〉基本原则的探讨》,载《税务研究》2020 年第 9 期。

[65]苗婷婷、单菁菁:《政府职能部门“专业分工悖论”及其修正——以建设项目审批为例》,载《江西社会科学》2020 年第 8 期。

[66]胡玉鸿:《法律技术的内涵及其范围》,载《现代法学》2006 年第 5 期。

[67]吴惟予:《生态环境损害赔偿中的利益代表机制研究——以社会公共利益与国家利益为分析工具》,载《河北法学》2019 年第 3 期。

[68]程雪阳:《中国宪法上“国家所有”的规范含义》,载《法学研究》2015 年第 4 期。

[69]吕凌燕:《我国环境保护税法体系的构建分析》,载《理论月刊》2010 年第 9 期。

[70]刘连泰:《征收和征税的关系规则及其适用:美国法上的情形》,载《当代法学》2009 年第 6 期。

[71]汤洁茵:《税收征管与隐私权的冲突与制衡》,载《河北法学》2008 年第 12 期。

[72]曹阳、黎远松:《国家治理能力现代化视域下的税收法治化建设》,载《中国特色社会主义研究》2021 年第 2 期。

[73]亓坤:《国税地税终合并》,载《新理财》2018 年第 4 期。

[74]倪星、王锐:《从邀功到避责:基层政府官员行为变化研究》,载《政治学研究》2017 年第 2 期。

[75]王湘军、李雪茹:《从“碎片化”到“整体化”:清单管理制度健全路径探析》,载《行政论坛》2019 年第 2 期。

[76]陶立页、刘桂芝:《地方政府权责清单中交叉职责的规制理路》,载《深圳大学学报(人文社会科学版)》2019 年第 4 期。

[77]刘启川:《责任清单编制规则的法治逻辑》,载《中国法学》2018年第5期。

[78]张梓太、程飞鸿:《我们需要什么样的生态环境问责制度?——兼议生态环境损害赔偿中地方政府的两难困境》,载《河北法学》2020年第4期。

[79]杨明生:《城乡发展与环境保护要互利双赢》,载《城乡建设》2015年第5期。

[80]吴仕清、陈惠娟:《联合征管模式下环境税税收救济的不足与完善》,载《河北工业大学学报(社会科学版)》2018年第2期。

[81]张宝:《水资源税的目的探究与制度完善》,载《税务研究》2020年第8期。

[82]崔亚飞、谭雯、焦梦青:《我国税制绿色化评估的困境、借鉴与建议》,载《税务研究》2018年第7期。

[83]包健:《税制绿化度对环境污染的影响分析》,载《税务研究》2020年第11期。

[84]孙开、金哲:《论环境保护视角下消费税改革的再次深化》,载《财经问题研究》2013年第1期。

[85]尹音频、张莹、孟莹莹:《成品油消费税改革的供求效应》,载《税务研究》2015年第4期。

[86]张荣庆:《完善车辆购置税与车船税之建议》,载《税务研究》2010年第11期。

[87]林伯强等:《资源税改革:以煤炭为例的资源经济学分析》,载《中国社会科学》2012年第2期。

[88]董玮、秦国伟:《对森林开征资源税的理论依据、现实基础与制度设计》,载《税务研究》2021年第5期。

[89]刘田原:《环境保护税的税收优惠政策解析》,载《税务与经济》2020年第5期。

[90]司言武:《环境保护税"双重红利"假说述评》,载《经济理论与经

济管理》2008 年第 1 期。

[91]苏明、许文:《中国环境保护税改革问题研究》,载《财政研究》2011 年第 2 期。

[92]高鹏飞、陈文颖:《碳税与碳排放》,载《清华大学学报(自然科学版)》2002 年第 10 期。

[93]魏涛远、格罗姆斯洛德:《征收碳税对中国经济与温室气体排放的影响》,载《世界经济与政治》2002 年第 8 期。

[94]石敏俊等:《碳减排政策:碳税、碳交易还是两者兼之?》,载《管理科学学报》2013 年第 9 期。

[95]王金南等:《打造中国绿色税收——中国环境税收政策框架设计与实施战略》,载《环境经济》2006 年第 9 期。

[96]胡晋青:《关于"绿色"税收问题的探讨》,载《税务研究》2006 年第 7 期。

[97]张思茵:《我国绿色税法之体系定位与制度完善》,载《山西大同大学学报(社会科学版)》2021 年第 4 期。

(二)英文文献

[1]Alexander A. Yalbulganov, *Environmental Function of the Russian Tax Law*, Environmental Policy and Law, Vol. 46:5, p. 342 – 347(2016).

[2]Henrik Vetter, *Environmental Taxes in Duopoly with Soft Capacity Constraints*, The B. E. Journal of Economic Analysis & Policy, Vol. 14:4, p. 1569 – 1584(2014).

[3]Jurušs Māris & Brizga Jānis, *Assessment of the Environmental Tax System in Latvia*, NISPAcee Journal of Public Administration and Policy, Vol. 10:2, p. 135 – 154(2017).

[4]Andreas Haufler & Guttorm Schjelderup, *Corporate Tax Systems and Cross Country Profit Shifting*, Oxford Economic Papers, Vol. 52:2, p. 306 – 325(2000).

[5]Christopher Pollitt, *Joined-up Government: A Survey*, Political

Studies Review, Vol. 1:1, p. 34 – 49(2003).

[6] Yangamp F. & Liu Y., *Earned Income Tax Credit System in the USA and Its Implications for China*, International Taxation in China, Vol. 10: 7, p. 33 – 37(2011).

[7] Pourquier, François-Xavier & Augustin Vicard, *Fiscalité Environnementale-Un état des lieux*, Service de l'économie, de l'évaluation et de l'intégration du développement durable(2017).

[8] Nicolas Caruana, «Fiscalité environnementale: pour une nouvelle définition de la notion de double dividend», *Gestion & Finances Publiques*, p. 70 – 75.

[9] R. A. W. Rhodes, *Understanding Governance: Ten Years On*, Organization Studies, Vol. 28:8, p. 1243 – 1264(2007).

[10] *Fiscalité des énergies*, Ministère de la transition écologique (Feb. 22, 2022), https://www.ecologie.gouv.fr/fiscalite-des-energies.

[11] *Définition : Certificat d'immatriculation* (ex-carte grise), Carte Grise (Feb. 22, 2022), https://www.cartegrise.com/.

[12] *Comment déclarer et payer ma taxe sur les véhicules de sociétés*? République Française (Feb. 28, 2022), https://www.impots.gouv.fr/professionnel/questions/comment-declarer-et-payer-ma-taxe-sur-les-vehicules-de-societes-tvs/.

[13] R. A. W. Rhodes, *The New Governance: Governing without Government*, Political Studies, Vol. 44:4, p. 652 – 667(1996).

[14] Gerry Stoker, *Governance as Theory: Five Propositions*, International Social Science Journal, Vol. 68:227 – 228, p. 15 – 24(2018).

[15] Donna J. Wood & Barbara Gray, *Toward a Comprehensive Theory of Collaboration*, The Journal of Applied Behavioral Science, Vol. 27:2, p. 139 – 162(1991).

[16] Tom Ling, *Delivering Joined-up Government in the UK:*

Dimensions, Issues and Problems, Public Administration, Vol. 80:4, p. 615 - 642(2002).

[17] Frischmann & Brett M & Alain Marciano, *Understanding The Problem of Social Cost*, Journal of Institutional Economics, Vol. 11:2, p. 329 - 352(2015).

[18] Medema Steven G., *The Curious Treatment of the Coase Theorem in the Environmental Economics Literature*, 1960 - 1979, Review of Environmental Economics and Policy, Vol. 8:1, p. 39 - 57(2014).

[19] James Alm & Isabel Sanchez & Ana DE Juan, *Economic and Noneconomic Factors in Tax Compliance*, KYKLOS-BERNE, Vol. 48:1, p. 3 - 3(1995).

[20] Eran Vigoda, *From Responsiveness to Collaboration: Governance, Citizens, and the Next Generation of Public Administration*, Public Administration Review, Vol. 62:5, p. 527 - 540(2002).

[21] Claus Offe, *Governance: An " Empty Signifier "*, Constellations, Vol. 16:4, p. 550 - 562(2009).

[22] Andrew Jordan, *The Rise of ' New ' Policy Instruments in Comparative Perspective: Has Governance Eclipsed Government?*, Political Studies, Vol. 53:3, p. 477 - 496(2005).